노인을 돌보는 법

김리겸 著

에듀컨텐츠·휴피아
CH Educontents Huepia

머리말_

본 저서의 저자는 요양원과 요양보호사 교육원을 운영한 경험을 토대로 노인을 돌봐야 하는 요양보호사 혹은, 보호자에게 노인을 중심으로 케어하는 방법을 제시하고자 하며, 본 저서는 보건복지부에서 발행한 요양보호사 양성과정 교재를 근거하여 집필하였다.

인간은 나이가 들면서 전체적으로 기능이 저하되는 과정을 겪게 되며 이러한 기능감소로 노화가 진행되어 신체적, 심리적, 사회적 능력이 감소된 사람을 노인이라 한다. 노인은 65세를 기준으로 다양한 사회적 혜택을 받게 되지만, 전체적 기능저하로 나타날 수 있는 치매, 뇌졸중, 파킨슨 같은 노인성 질환과 우울증과 같은 심리적, 사회적 기능저하로 나타날 수 있는 질환에 대하여 노인을 돌봐야하는 요양보호사 혹은 보호자들이 이 책을 통하여 노인을 이해하고 돌보는 방법을 익혀 마지막까지 편안한 노인으로 살 수 있도록 돌보는 자의 역할과 수행이 이루어지길 바란다.

끝으로 본 저서를 출간하기까지 큰 도움을 준 이상열 대표를 비롯한 (도서출판) 에듀컨텐츠휴피아의 임직원 여러분께 감사의 말을 전합니다.

2022년 6월

저자 김 리 겸 씀

저자소개

약력

수원대학교 교육대학원 교육학 석사(유아교육과)
협성대학교 교육학 박사(상담심리학 전공)
(前) 두담요양원 대표
(前) 두담요양보호사 교육원 대표
(現) 두담디앤씨 대표
(現) (주)두담앤 금빛 에듀케어센터 대표이사

논문

* 남편의 양육 태도와 아내의 양육 스트레스 및 부부갈등과의 관계(2014)
* 남편의 양육 태도가 아내의 양육 스트레스와 부부갈등에 미치는 영향(2015)
* 누리과정 지도 중점서를 근거한 교사의 창의성 교육 요구도 분석(2019)

목 차

제1장 노인의 특성과 이해 3
1. 신체적 변화의 특성 3
2. 심리적 변화의 특성 3
3. 사회적 변화의 특성 4
4. 가족과의 관계 변화와 이해 5

제2장 치매노인에 대한 서비스 기본원칙 9
1. 식사돕기의 기본원칙 11
2. 배설돕기의 기본원칙 11
3. 개인위생의 기본원칙 13
4. 구강위생의 기본원칙 14
5. 옷 입기 기본원칙 14
6. 운동의 기본원칙 15
7. 침실환경의 기본원칙 16
8. 화장실의 기본원칙 16
9. 욕실의 기본원칙 17
10. 주방의 기본원칙 17
11. 차안에서 기본원칙 17
12. 의사소통의 기본원칙 17
   1) 언어적 의사소통 방법의 기본원칙 18
   2) 비언어적 의사소통 방법의 기본원칙 20
   3) 치매 단계별 의사소통 20
13. 치매대상자의 문제행동 대처 22
   1) 치매대상자의 식사돕기 22
   2) 수면장애돕기 23
   3) 배회 23
   4) 의심, 망상, 환각증상 돕기 24

5) 파괴적 행동 ·· 25
6) 석양증후군 ·· 26
7) 성행위 ·· 27

제3장 시설노인에 대한 서비스 기본원칙 ·································· 29
1. 식사돕기 ·· 29
2. 투약돕기 ·· 30
   1) 경구약 투약 ·· 31
   2) 안약이나 안연고 투약 ··· 31
   3) 귀약투약 ··· 32
   4) 주사주입 돕기 ·· 32
   5) 피부건조증 ··· 33
3. 세수돕기 ·· 33
4. 면도돕기 ·· 34
5. 목욕돕기 ·· 35
   1) 통목욕 돕기 ·· 36
   2) 샤워돕기 ··· 37
6. 두발청결 돕기 ·· 38
   1) 통목욕시 머리 감기기 ··· 39
   2) 침대에서 머리 감기기 ··· 39
   3) 두발 세정제로 머리 감기기 ··· 40
7. 머리빗기기 ·· 40
8. 구강청결 유지하기 ·· 41
9. 입안헹구기 ·· 41
10. 칫솔질 하기 ·· 42
11. 의치관리 돕기 ·· 43
12. 옷 갈아입히기 ·· 43
   1) 상의갈아 입히기 ·· 44

2) 편마비 대상자 옷갈아 입히기 ·· 44
　　3) 체위변경이 필요한 대상자에게 단추 없는 옷 입히기 ············ 45
　　4) 수액이 있는 대상자에게 단추있는 옷을 입히기 ················· 45
　　5) 체위변경이 필요한 대상자의 단추없는 옷 벗기기 ··············· 45
　　6) 하의를 갈아 입히기 ··· 45
　13. 체위변경 ··· 46
　14. 이동 도움 ·· 48
　　1) 편마비 대상자 이동돕기 ·· 49
　　2) 하반신마비, 사지마비 대상자 이동돕기 ······························ 50
　　3) 휠체어 이동 돕기 ··· 51
　15. 보행 돕기 ·· 55
　　1) 선자세에서 돕기 ·· 55
　　2) 보행 벨트를 사용시 이동돕기 ··· 56
　　3) 성인용 보행기 돕기 ·· 56
　　4) 지팡이 보행돕기 ·· 56
　16. 이송 돕기 ·· 57
　17. 배설도움 ··· 58
　18. 화장실 사용돕기 ··· 59
　19. 침상 배설 돕기 ··· 60
　20. 이동변기 사용 돕기 ··· 62
　21. 기저귀 사용돕기 ··· 63
　22. 계절에 따른 안전수칙 ·· 65

제4장 일상생활 지원 서비스 ··· 67
　1. 주거환경 ··· 67
　2. 실내청소 ··· 68
　3. 주방 ·· 68
　4. 화장실 ··· 68

5. 쓰레기 분리 ·· 68
6. 물품 및 주변 정돈 ··· 69

제5장 개인활동 지원 서비스 ·· 71
1. 동행 전 ·· 71
2. 동행 중 ·· 71
3. 동행 후 ·· 72
4. 일상업무 대행 전 ··· 72
5. 일상업무 대행 중 ··· 72
6. 일상업무 대행 후 ··· 72
7. 정보 제공 전 ··· 73
8. 정보 제공 중 ··· 73
9. 정보 제공 후 ··· 73

제6장 정서 지원 서비스 ·· 75
1. 언어적 의사소통 ··· 75
   1) 효과적인 의사소통 방법 ·· 75
   2) 공감하기 ·· 76
   3) 말하기 ·· 77
   4) 효과적인 말하기 방법 ·· 77
   5) 나-전달법(I-Message전달법) ··· 77
   6) 침묵 ·· 78
   7) 수용 ·· 78
   8) 의사소통 장애가 없는 대상자와 의사소통하는 방법 ····· 79
   9) 대상자 가족과 의사소통 방법 ·· 79
   10) 관련 전문직 및 시설장과 의사소통 방법 ····················· 79
2. 비언어적 의사소통 ··· 79
   1) 의사소통 장애가 있는 경우 ·· 80

2) 시각장애 ·· 80
　　3) 언어장애 ·· 80
　　4) 판단력, 이해력장애 ······································ 80
　　5) 주의력결핍장애 ··· 81
　　6) 지남력장애 ·· 81

제7장 응급상황 대처 ··· 83
　1. 응급상황 시 돕는 방법 ······································ 83
　2. 질식 ·· 84
　3. 경련 ·· 84
　4. 뇌전증 ··· 84
　5. 화상 ·· 85
　6. 골절 ·· 86
　7. 출혈 ·· 86
　8. 약물 오남용 ··· 87
　9. 심폐소생술 ·· 87

제8장 임종에 관한 요양보호 서비스 ························· 89
　1. 임종 징후 ··· 89
　2. 임종 적응 단계기 ··· 89
　3. 신체·정신적 변화 증상 ····································· 90
　4. 임종 대상자의 심리변화 ···································· 92
　5. 임종대상자에 대한 요양보호 ····························· 92
　6. 임종 후 요양 서비스 ··· 92
　7. 임종 대상자 가족에 대한 요양보호 방법 ············ 93

[부록]

Ⅰ. 영양팀 · · · · · · 99
    1. 음식 조리법 · · · · · · 100
    2. 암 예방을 위한 섭취 방법 · · · · · · 100
    3. 수분 섭취방법 · · · · · · 101
    4. 노인의 영양관리의 중요성 · · · · · · 102
    5. 식사관리의 중요성 · · · · · · 103
    6. 노인을 위한 식생활지침 · · · · · · 104
    7. 노인기의 주요 질환 · · · · · · 105
        7-1. 당뇨병 · · · · · · 105
        7-2. 고혈압 · · · · · · 105
        7-3. 씹기장애와 삼킴장애 · · · · · · 106
        7-4. 변비 · · · · · · 107
        7-5. 골다공증 · · · · · · 107

Ⅱ. 조리팀-식사 준비 · · · · · · 109
    1. 식재료 구매 및 보관방법 · · · · · · 109
    2. 조리방법 · · · · · · 109
        2-1. 볶기 · · · · · · 110
        2-2. 삶기 · · · · · · 110
        2-3. 튀기기 · · · · · · 110
        2-4. 무침 · · · · · · 110
        2-5. 찜 · · · · · · 110
        2-6. 굽기 · · · · · · 111
    3. 식품, 식기 등 위생관리 · · · · · · 111
        3-1. 생선 · · · · · · 111
        3-2. 조개류 · · · · · · 112
        3-3. 채소류 · · · · · · 112

    3-4. 데친 채소 ·· 112
    3-5. 육류 ·· 112
    3-6 닭고기 ·· 113
    3-7. 달걀 ·· 113
    3-8. 과일 보관법 ·· 113
    3-9. 냉장실 온도 ·· 114
    3-10. 냉동실 온도 ·· 114
    3-11. 식품의 안전관리 원칙 ·· 114
    3-12. 식기 및 주방의 위생관리 ·· 116
 4. 싱크대 배수구 위생관리 방법 ·· 116
    4-1. 찬장 또는 싱크대 ·· 116
    4-2. 냉장고 ·· 116
    4-3. 수세미와 행주 ·· 116
    4-4. 그릇 및 조리기구 ·· 117
    4-5. 고무장갑 ·· 117
    4-6. 플라스틱 용기 ·· 117
    4-7. 설거지 ·· 117

Ⅲ. 위생팀 ·· 119
 1. 의복관리 ·· 119
 2. 침상 청결관리 ·· 119
 3. 침구의 선택 및 정리 ·· 120
    3-1. 이불 ·· 120
    3-2. 요 ·· 120
    3-3. 리넨류 ·· 120
    3-4. 베개 ·· 121
 4. 세탁하기 ·· 121
    4-1. 세탁 방법 ·· 121

4-2. 의복과 옷감에 생긴 얼룩을 제거하는 방법 ·············· 122
5. 삶기 ··· 123
6. 탈수하기 ··· 123
7. 헹구기 ·· 123
8. 건조하기 ··· 123
9. 세탁 후 관리 ··· 124
10. 다림질 ··· 124
11. 의류보관법 ·· 124

Ⅳ. 의료보건팀 ··· 125
1. 경관영양식 ·· 125
2. 약 보관 방법 ··· 126
3. 유치도뇨관 ·· 126
4. 약물사용 ··· 127
   4-1. 노인의 약물사용 방법 ·························· 128
5. 예방접종 ··· 128

Ⅴ. 요양보호팀 ··· 131
1. 건망증과 치매의 차이 ································· 131
2. 기억력 장애 ·· 131
3. 노인 우울증 ·· 131
4. 야간섬망 ··· 132
5. 뇌졸중의 전구증상 ····································· 132
6. 파킨슨질환 ·· 132
   6-1. 파킨슨질환 대상자에 대한 요양보호사의 활동 ············· 132
7. 당뇨병 대상자의 발 관리 원칙 ····················· 133
   7-1. 당뇨병 대상자에 대한 요양보호사의 활동 ················· 133

8. 녹내장 대상자의 일상생활 주의사항 ·· 133
　　8-1. 녹내장 대상자에 대한 요양보호사의 활동 ···························· 133
9. 고혈압 ·· 134
　　9-1. 고혈압 완화에 좋은 운동 ·· 134
　　9-2. 고혈압 관리법 ·· 134
10. 빈혈 ·· 135
　　10-1. 빈혈 대상자에 대한 요양보호사의 활동 ··························· 135
11. 금식 ·· 136
12. 변비 ·· 136
13. 천식 기관지확장제(흡인기) 사용 순서 ·· 136
14. 폐결핵 치료를 위한 약물 복용 ·· 136
　　14-1. 폐결핵 대상자에 대한 요양보호사의 활동 ······················· 137
15. 결핵 감염 예방을 위한 기침 예절 ·· 137
16. 고관절 골절 ·· 138
17. 전립성 비대증 ·· 138
18. 치매 대상자의 사고발생 원인 ·· 138
19. 치매 대상자의 식사 시 고려할 점 ·· 139
20. 치매 대상자가 변을 만지는 이유 ·· 139
21. 치매 대상자와의 효과적인 대화의 예 ·· 139
22. 치매 대상자가 의사 표현을 하도록 돕는 방법 ························· 139
23. 치매 대상자와 의사소통 시 고려할 사항 ··································· 140
24. 치매 대상자별 의사소통 전략 ·· 140
25. 치매 대상자와 의사 소통방법 ·· 140
　　25-1. 치매 대상자와 비언어적인 표현 방법 ······························· 140
26. 치매 대상자 행동관찰의 중요성 ·· 141
　　26-1. 식사를 계속 달라고 하는 경우 ··· 141
　　26-2. 사고 위험 ··· 142
　　26-3. 치매 대상자가 자존심이 상한 경우 ··································· 142

26-4. 혼자서 집을 나가 길을 잃은 경우 ·· 143
27. 치매 대상자의 문제행동 사례 ··· 143
28. 스스로 식사하는 대상자를 지켜보는 방법 ·· 145
29. 반복적인 질문이나 행동을 하는 이유 ·· 145
30. 반복적 행동의 예 ·· 145
31. 치매 대상자의 음식섭취 관련 문제행동의 예 ·································· 145
32. 음식섭취 관련 문제행동이 나타나는 이유 ·· 145
33. 노인의 영양문제 ·· 146
34. 식사구성안을 이용한 식사계획 원칙 ·· 146
35. 식사 원칙 ·· 146
36. 음식섭취 관련 문제행동 ·· 146
37. 치매 대상자가 의심이 많은 이유 ·· 147
38. 환각 ·· 147
39. 치매 대상자의 파괴적 행동의 특징 ·· 147
40. 석양증후군의 특성 ·· 147
41. 손 씻기의 장점 ·· 147
42. 사례 예방법 ·· 148
43. 경관영양식 대상자를 오른쪽으로 눕히기 ·· 148
44. 비위관이 빠진 경우 ·· 148
45. 경구약 복용 시 주의점 ·· 148
    45-1. 가루약 ·· 148
    45-2. 알약 ·· 149
    45-3. 물약 ·· 149
    45-4. 안약 ·· 149
    45-5. 주사주입 ·· 149
46. 손발청결 ·· 149
47. 치매노인이 목욕을 싫어하는 이유 ·· 150
48. 치매노인이 화장실을 가고 싶을 때 ·· 150

49. 배설물 상태를 보고해야 하는 경우 ··· 150
50. 언어적 의사소통을 할 때 주의점 ··· 150
51. 비언어적 의사소통이 중요한 이유 ··· 150
52. 나-전달법(I-Message전달법) ·· 151
53. 노인성 난청 대상자와 이야기하는 방법 ··· 151
54. 시각장애 대상자와 이야기하는 방법 ·· 152
55. 언어장애 대상자와 이야기하는 방법 ·· 152
56. 판단력, 이해력장애 대상자와 이야기하는 방법 ··························· 152
57. 주의력결핍장애 대상자와 이야기하는 방법 ·································· 152
58. 지남력장애 대상자와 이야기하는 방법 ··· 153
59. 질식 시 대상자의 주요 증상 ··· 153
60. 근골격을 다친 경우 ·· 153
61. 약물부작용 ·· 153
62. 안전한 약 사용을 위한 3단계 ·· 154
63. 요양보호사가 임종 대상자 요양보호시 고려할 점 ······················· 154
64. 임종 시기별 요양보호 ·· 154

Ⅵ. 노인 요양시설 어르신을 위한 기본 환경관리 ······················ 155
    1. 안전하고 쾌적한 주거환경 관리 ··· 155
    2. 안전한 주거환경 조성 ·· 155
        2-1. 현관 ·· 155
        2-2. 거실 ·· 156
        2-3. 방 ·· 156
        2-4. 부엌과 식당 ·· 156
        2-5. 화장실과 욕실 ·· 157
        2-6. 계단 ·· 157
    3. 쾌적한 주거환경 조성 ·· 157
        3-1. 환기 ·· 157

3-2. 실내온도 ··· 158
3-3. 실내습도 ··· 158
3-4. 소음 ··· 158
3-5. 채광 ··· 158
3-6. 조명 ··· 159

노인을 돌보는 법

에듀컨텐츠·휴피아
CH Educontents Huepia

제1장 노인의 특성과 이해

노인의 특성은 개인의 생활양식에 따라 다소 차이는 있지만, 신체적, 심리적, 사회적 측면에서 공통적 특성이 있으며, 가족과의 관계 변화가 나타난다.

1. 신체적 변화의 특성

신체적 변화의 특성으로 뼈와 근육이 위축되어 등이 굽고, 키가 줄어들며, 피하지방이 감소하여 전신이 마르고 주름이 많아지는 세포가 노화되며, 면역능력의 저하로 잠재하고 있던 질병이 나타나거나 질병이 발생할 경우 급격하게 상황이 악화되어 죽음을 맞기도 하며, 신체 조직의 잔존능력이 저하되어 적응력이 떨어지며 일상생활에서 어려운 상황이 발생할 수 있고, 회복능력의 저하로 만성질환이 있는 노인은 합병증이 쉽게 올 수 있어 사소한 원인으로도 중증에 이를 수 있다. 또한 노화는 점진적으로 일어나는 진행성 과정이며, 인간의 노력으로 노화의 진행을 막을 수 없는 비가역적 진행으로 환경적으로는 회복 불가능한 상태를 의미한다.

2. 심리적 변화의 특성

심리적 변화의 특성으로 노인은 우울증 경향이 증가하여 불면증, 식욕부진, 체중감소 등과 같은 신체적인 증상을 호소하고, 기억력이 저하되고, 흥미와 의욕을 상실하는 등의 심리적 증상을 겪게 된다. 또한, 주변 사람들에게 적대적으로 대하거나 타인을 비난하는 등의 행동을 보이도 하며, 내향성이 증가하여 청장년기 시절의 심적 에너지가 바깥 사회생활로 향해 있다가 노년기에 접어들면서 사회적 활동이 감소하고, 타인과 만나는 것을 기피할 뿐 아니라 내향적인 성격이 되어간다. 그리고 나이가 들수록 조심성이 증가하는데, 조심성의 증가 원인중에는 일의 결과를 중시하기 때문에 조심스럽게 행동한다는 의견과 시청각 및 지각 능력이 감퇴하고, 자신감 또한 감퇴하기 때문이라는 의견이 있으며 나이가 들수록 질문이나 문제에 대해 대답을 할지 망설이거나 하지 못하며, 때에 따라서는 중립을 지키고, 결단이나 행동이 느려지고 매사에 신중한 경향을 보이기도 한다. 노인은 자신에게 익숙한 습관적인 태도나 방법을 고수하고, 매사에 융통성이 없어지고, 새로운 변화를 싫어하며, 도전적인 일을 꺼리고, 새로운 기구를 사용하거나 새로운 방식으로 일을 처리하는 데에 저항하는 경직성이 증가하며 오랫동안 자신이 사용해 오던 친근한 사물에 대해 애착이 강해지는데 이러한 애착은 지나온 과거를 회상하거나 마음의 안락을 찾는 데는 도움을 준다. 또한 친근한 사물에 애착을 보이는 이유는 자기 자신과 주변이 변하지 않고 유지되고 있다는 안도감, 정서적 안정감을 느끼고, 세월의 흐름 속에서 자기정체감을 유지하려는 친근한 사물에 대한 애착심을 가지고 있으며, 노인은 죽음의 필연성을 인식하고 생명이 유한하다는 것을 자각하며 자신이 가치 있는 삶을 살았다는 것을 인정받고 싶어 한다. 또한 이 세상에 다녀갔다는 흔적을 후세에 남기고 싶은 생각으로 노인들은 혈육, 물질적 재산, 창조적 업적, 전통과 가치 등을 남기고자 유산을 남기려는 경향을 보이며, 노인은 신체적 기능이 저하되면서 신체적으로 의존하게 되며, 임금 노동자로서의 역할을 상실함에 따라 경제적으로 의존하게 된다. 또한, 중추신경조직이 퇴화됨으로 인해 정신적으로도 의존하며, 중요한 사람을 상실하게 되면서 사회적, 심리적, 정서적으로 다른 사람에게 의존하려는 의존성이 증가하며 생에 대한 회고의 경향으로 자신이 지나온 일생의 여러 요인들 즉, 가족구성, 신체적 조건, 결혼, 취업, 직장 생활, 부부 생활, 성생활, 성역할 등을 떠올리는 등 생에 대한 회상을 통하여 응어리졌던 감정을 해소하고, 실패와 좌절에 담담해져 자아통합을 하고, 다가오는 죽음을 평온한 마음으로 맞을 수 있게 한다.

3. 사회적 변화의 특성

사회적 변화의 특성을 보자면 노인이 되면 사회적 역할이 변화되는데 역할 변화를 편안하게 기꺼이 받아들이는 사람도 있지만, 해오던 역할을 갑작스럽게 상실한 경우 위기를 경험하기도 한다. 새로운 기술과 적응 방식을 사용해야 하는 역할 변화도 스트레스를 초래하며 경쟁사회에서 노동력의 노화와 생산성의 감소 등을 겪으면서 젊은 세대와의 경쟁에서 뒤처지게 되고, 상실감과 고립감을 느끼게 되는데 여기서 사회적 역할 변화가 생기는 대표적인 사건은 은퇴이다. 은퇴로 인해 사회적 역할을 상실할 뿐 아니라 가정 내에서도 가장으로서의 역할이나 어머니로서 가족을 돌보는 역할을 잃게 되어 심리적으로 위축되며 노후소득을 위한 연금이나 노후자금이 없는 경우에는 경제적 빈곤에 놓이게 되며 자녀에게 유산을 남기려는 강한 성향으로 인하여 더 극심한 경제적 빈곤을 겪게 되며, 노인은 직장에서 퇴직하면서 사회적 관계도 줄어들게 되고 친척이나 친구 관계도 소원해지는 등 단순화된 관계 속에서 유대감 상실은 노인은 고독감과 우울감이 증가하게 되고, 자살까지 발생하기도 한다. 또한 노인은 신체적 노화를 경험하면서 복합적이고 만성적인 고혈압, 당뇨 등의 만성질환이 다른 질환과 복합되어 나타나면서 신체적 기능을 쇠퇴시키고, 사회적 관계에서도 부정적으로 작용하여 사회적 관계를 위축시키기도 한다.

4. 가족과의 관계 변화와 이해

노인은 신체적 능력이 쇠약해지면서 일상생활에서 가족과의 관계 변화가 나타난다. 은퇴 등으로 인한 사회적 역할이 상실되고, 자녀가 출가하면서 심리적으로 소외, 고독 등을 느끼기 쉽다. 자녀가 독립해 나가면서 빈 둥지 시기가 되면, 소원해졌던 부부관계와 친밀감을 회복하기 위해 노력해야 한다. 노년기는 배우자 혹은 쌍방이 은퇴한 후 대부분의 시간을 함께 보내게 되며 건강 악화에 따른 재적응이 필요하다. 생활습관을 수정하고, 병든 배우자를 돌보고, 배우자의 상실에 대해서도 준비해야 하는 역할 변화에 적응해야 한다. 즉, 퇴직으로 남편의 역할이 사회에서 가정으로 돌아옴에 따라 부부간의 관계가 동반자로 전환된다. 따라서 융통성 있게 가정일을 분담하는 것이 바람직하며 노년기 부부관계를 긍정적으로 유지하기 위해 적극적으로 대화하고 부부 공통의 화제나 취미생활을 만들 필요가 있다. 또한, 노년기 부부관계에서 또 한 가지 관심사는 성적 적응이다. 우리 사회는 노인이 성적 관심을 보이는 것을 점잖지 않다고 간주해 왔다. 그러나 결혼 생활에서 성은 자연스러운 일이고, 인간 본능의 차원이며, 노년기 부부에서도 예외가 아니다. 노인 스스로나 사회적으로 노인의 성적 관심과 욕구 충족을 금기시하는 태도를 바꾸어야 한다. 활기찬 노년을 위해 활발한 성생활을 유지하는 것도 필요하다. 또한, 노인은 젊은 사람보다 죽음에 대해 더 많이 생각한다. 가족이나 친한 친구의 죽음으로 스트레스를 받으며, 수십 년 동안 결혼 생활을 한 사람에게 배우자의 상실은 가장 적응하기 어려운 사건이다. 배우자나 친구와 사별하는 경우 막연히 느끼던 죽음이 현실화되면서 심한 허무감, 절망감, 고독감을 느끼며, 노인이 혼자된 삶에 잘 적응하기 위해서는 가족이나 자녀의 지지 등이 필요하다. 현대 사회에서는 자녀 세대의 독립으로 예전과는 달리 고부 관계 갈등이 심각하게 나타나지는 않지만 가치관과 세대 차이로 인해 여전히 고부 갈등이 존재한다. 며느리와 시어머니의 역할 관계 재정립과 가치관 공유 등을 통해 바람직한 고부 관계를 유지하도록 노력해야 하며 노인은 아들과 며느리에게 의존하기보다는 자신의 삶을 활기차게 살아가기 위해 노력하여 자아존중감 향상에 노력하여야 하며, 가족관계의 변화중 손자녀와의 관계를 보자면 조부모는 손자녀와의 관계에서 조부모는 부모에 비해 손자녀에 대해 책임이 없고 비교적 순수하게 애정으로만 감싸 줄 수 있기 때문에 부모 노릇을 할 때보다 역할에 더 쉽게 적응하며 만족하는 경향이 있다. 노인은 손자녀에게 아낌없는 사랑을 쏟을 수 있어 손자녀의 긍정적인 자아 형성에 기여할 수 있고 노년기에 손자녀는 활기와 탄력을 제공할 수 있는 관계이며 노년기의 형제자매는 일생을 통하여 서로에게 많은 영향을 미치고, 상호작용한다. 일반적으로 노년기에 이르면 과거에 존재했던 경쟁심이나 갈등이 줄어들고, 상호이해와 동조성이 강화되는 경향을 보이고 노년기의 특성상 어린 시절의 생활 경험을 형제자매간 공유하면서 심리적 안정감을 공유하게 되며 배우자나 자녀 등에 의한 지원이 충분하지 못할 때, 형제자매는 특히 중요한 사회적 지지가 된다.

현대 사회에서 가족구조와 가족관계, 가족기능, 가족생활주기에 큰 변화가 일어났다. 전반적으로 기혼 자녀와의 동거는 줄어든 반면, 혼자 살거나 노부부만 사는 세대가 늘어나는 추세인데 노인가족은 노부부끼리 살거나 노인이 포함된 가족을 말한다. 또한 부모는 양육기 동안 자녀에게 많이 희생하고 투자하지만 자녀의 결혼으로 부부만 남게 되면서 '빈둥지증후군'을 겪게 된다. 이 시기 부부는 노후에 대한 초조와 불안감을 갖게 되며 말년에는 자녀가 자신의 울타리가 되어 주기를 바란다. 그러나 핵가족화가 진행되면서 자녀가 직접 노인 부모를 봉양하는 일이 점점 사라지고

제1장. 노인의 특성과 이해

있다. 최근에 자녀가 노인 부모와 근거리에 살면서 부양을 하는 수정확대가족이 나타났다. 수정확대가족은 부모와 따로 살지만, 자주 상호작용 하면서 각자의 사생활을 지킬 수 있다는 장점은 있다. 이에 따른 노인부양 해결 방안으로 먼저 사회와 가족의 협력이 무엇보다 필요로 하며 노인부양을 위해서는 공적·사적 부양이 모두 필요하다. 사적 부양은 노인 본인 가족이 보살피는 부양이다. 공적 부양은 노인복지서비스와 장기요양보험제도 등 국가나 사회가 노인의 생활을 지원하는 것이다. 세대 간의 갈등 조절 현재의 경제·사회발전은 과거 부모 세대가 이룩한 성과이다. 따라서 현재의 젊은 세대는 부모 세대에 대한 존경과 감사의 의미로 사회적 부양에 대해 긍정적으로 인식할 필요가 있다. 국민연금, 노인장기요양보험제도를 통한 세대간 위험의 분산, 소득재분배 등이 바람직한 세대통합 효과이다. 자녀 세대와 부모 세대의 상호 존중, 적극적 의사소통을 통해 실질적인 상호작용과 사회통합을 달성해야 한다. 노인의 개인적 대처 노인은 1차적으로 노년의 삶을 스스로 책임질 수 있도록 노력해야 한다. 이를 위해 경제적으로는 사회보험과 개인보험을 병행 이용하고, 사회적으로는 재교육 프로그램을 통해 삶의 변화에 대비하여야 한다. 노인복지정책 강화 국가와 사회는 노인복지정책을 강화해야 한다. 국민연금, 기초연금을 강화하여 노후소득을 보전하고, 노인장기요양보험제도를 통해 장기적인 돌봄서비스를 제공할 필요가 있다. 다양한 노인복지서비스 프로그램을 제공하여 적극적이고 활기찬 여가, 노후생활을 지원해야 한다. 노인문제는 어느 사회에서나 누구나 당면하고 복합적으로 연결되어 있다는 특징이 있다. 노인이 되면 나타나는 대표적인 4가지 고통을 흔히 노인의 4고(苦)로 표현하는데 빈곤, 질병, 고독, 무위(역할 상실)가 바로 그것이다. 노인이 되면 수입이 감소하고, 건강이 악화되며, 소외와 고독감에 빠지기 쉽다. 이러한 상황에서 노인은 자신이 무엇을 해야 할지 모르는 역할 상실을 경험하게 된다. 따라서 노인 문제는 재정적, 신체적, 심리적 지원이 필요한 부양의 문제로 연결된다. 노인부양 문제는 개인, 가족의 부담을 넘어 사회적 문제로 인식되어 이를 해결하기 위해 정부에서는 다양한 노인복지 사업을 추진하고 있다. 노부모 부양에 대한 인식 조사에서 가족이 부양해야 한다는 비중은 낮아지고 사회가 부양해야 한다는 비중은 증가한 것으로 보고되었다.

에듀컨텐츠 휴피아
CH Educontents Huepia

제2장. 치매노인에 대한 서비스 기본원칙

치매 대상자의 일상생활을 돕기 위해서는 약물요법과 문제행동 대처, 의사소통, 인지자극 훈련 등 비약물요법이 필요하다.

대상자나 가족은 치매가 완치되기 어렵고, 약물을 투여한다 해도 악화를 지연할 뿐이라는 것에 실망하여 투약하지 않는 경우가 많다. 약물을 복용하여 증상을 늦추면 살아있는 동안 치매증상으로 고생하는 기간이 줄어들며, 대상자를 돌보는 가족들에게도 수발부담이 줄어들 수 있다. 그러므로 약물 복용의 효과를 잘 설명하여 약물을 규칙적으로 복용하도록 해야 한다. 약을 복용할 때 진정, 어지럼증, 손 떨림, 초조, 불안 등 부작용을 유발하는 경우가 있다. 약물을 바꾸거나 용량을 늘렸을 때는 특히 이러한 부작용이 나타나는지 면밀히 관찰하고 메모하여, 병원에 갈 때 가져가야 한다. 투여 약물의 종류에는 인지기능개선제와 정신행동 증상 개선제가 있다.

인지기능개선제는 인지증상을 개선할 목적으로 투여하며, 병의 완치라기보다는 악화를 지연하기 위해 투여하며 정신행동증상 개선제는 망상, 환각, 우울, 공격성 등 다양한 정신행동 증상을 개선하기 위해 처방된 약물을 투여한다. 망상, 환각, 공격성, 초조, 수면각성 주기 장애가 있을 때에는 항정신병 약물을 투여하며 수면-각성주기 장애, 초조, 공격성, 불안, 우울증상이 있을 때에는 항우울제를 투여한다. 그리고 초조, 공격성, 조증 유사증상, 수면장애가 있을 때에는 항경련제를 투여한다.

치매는 생각, 기억, 판단력과 같은 기능이 서서히 쇠퇴하여 일상생활을 어렵게 한다. 치매의 증상인 기억장애, 언어장애, 판단 및 인지능력 장애, 일상생활수행 장애, 행동장애, 정신장애 등으로 인해 치매 대상자는 일상생활에 지원이 필요하며, 말기로 갈수록 이러한 지원도 확대해야 하며 대상자의 일상생활 돕기에 소홀해지지 않도록 항상 따뜻하게 응대하고 치매 대상자를 존중하므로 인간의 존엄성을 지켜주는 요양보호를 해야 한다. 특히 정면에서 야단치거나 부정하거나 무시하지 않아야 하며 늘 따뜻하게 대하고 대상자의 생활자체를 소중히 여기고 환경을 함부로 바꾸지 않으며 규칙적인 생활을 하게 한다. 규칙적인 생활은 대상자의 혼란을 경감시키고 정신적 안정에 도움이 되며 병을 조기 발견하는 데 도움이 되고, 대상자에게 맞는 일정을 만들어 규칙적인 생활을 하며 대상자에게 남아있는 기능을 최대한 살린다. 치매가 있다고 모든 것을 못하는 것은 아니라고 안내하고 습관적으로 해오던 일들은 스스로 하도록 하여 남아있는 기능을 유지하게 하고 상황에 맞는 요양보호를 하게 됨으로 대상자의 치매의 정도나 특징에 대해 알 수 있으므로 대상자의 상태가 점차적으로 변해가는 것을 이해하고 수용할 수 있게 됨을 인식하여 대상자의 상태에 맞는 요양보호기술을 익혀 제공할 수 있게 된다. 하지만 안전에 항상 주의하여야 한다. 치매 대상자는 사고 위험이 높다는 것을 본인과 가족에게 인식시키고 대상자에게 위험이 될 만한 물건은 없애고, 안전한 분위기를 조성한다.

1. 식사돕기의 기본원칙

식사돕기의 기본원칙은 의치가 잘 맞지 않으면 식사 도중 음식을 삼킬 때 의치가 식도로 같이 넘어가거나 기도를 막을 수 있기 때문에 잘 고정되어 있는지 확인하고 느슨한 경우에는 끼지 못하게 한다. 그리고 당뇨병이나 고혈압 등으로 음식을 가려 먹어야 경우에는 치매 대상자가 접근할 수 없는 장소에 해당 음식을 두어야 하며 그릇은 접시보다는 사발을 사용하여 덜 흘리게 한다. 투명한 유리제품보다는 색깔이 있는 플라스틱 제품을 사용하는 것이 좋으며, 소금이나 간장과 같은 양념은 식탁 위에 두지 않는다. 씹는 행위를 잊어버린 치매 대상자에게는 질식의 위험성이 있는 작고 딱딱한 사탕이나 땅콩, 팝콘 등은 삼가고 잘 저민 고기, 반숙된 계란, 과일 통조림 등을 갈아서 제공한다. 치매 대상자가 물과 같은 묽은 음식에 사레가 자주 걸리면 좀 더 걸쭉한 액체음식을 제공하며, 치매 대상자가 졸려하거나 초조해하는 경우 식사를 제공하지 않는다. 치매 대상자는 뜨거운 음식에 대한 판단력이 부족하기 때문에, 식사 전에 음식의 온도를 요양보호사가 미리 확인하고, 대상자가 음식을 손으로 먹거나 흘리는 등에 대비하여 비닐 식탁보나 식탁용 매트를 깔아준다. 식사 시 턱받이보다는 앞치마를 입혀 옷을 깨끗이 유지하고, 음식을 잘게 잘라서 부드럽게 조리하여 치매 대상자가 쉽게 먹을 수 있게 한다.

제2장. 치매노인에 대한 서비스 기본원칙

식사 중에는 컵에 물을 얼마나 채울지 판단하지 못하는 대상자는 요양보호사가 적당히 물을 따라 주고 물을 마실 때 흘릴 경우에는 빨대와 플라스틱 덮개가 부착된 컵을 사용하며 손잡이가 크거나 손잡이에 고무를 붙인 약간 무거운 숟가락을 주어서 숟가락을 쥐고 있다는 사실을 잊어버리지 않게 해주는 것이 좋다. 그리고 대상자의 혼란 예방을 위하여, 한 가지 음식을 먹고 난 후 다른 음식을 내어 놓는 것이 좋으며, 숟가락으로 떠먹이는 치매 대상자는 한 번에 조금씩 먹이고 음식을 삼킬 때까지 충분히 기다린다.

식사 후에는 섭취한 음식의 종류와 양을 정확히 기록하고, 치매 대상자가 식사를 하지 않아 체중이 감소하면 의료진에게 알리고 그 원인을 파악한다. 하지만, 체중감소 이유를 발견하지 못한 경우에는 치매 대상자가 평소 좋아하는 음식이나, 걸쭉한 형태의 고열량 액체음식을 제공하고 필요시 처방된 비타민과 단백질을 포함한 약을 주기도 한다.

혼자서 음식을 먹을 수 있는 치매 대상자도 식사하는 것을 잊어버리거나, 차려놓은 음식을 감추려 하거나, 버린 음식을 다시 주워 먹는 등의 행동을 할 수 있다. 이로 인하여 영양실조에 빠질 수도 있고, 그 반대로 과식하여 비만이 될 수도 있기 때문에 가능한 한 식사시간을 규칙적으로 하고 조용한 분위기를 유지하며, 식사에 대한 감독과 보호가 필요하다.

2. 배설돕기의 기본원칙

배설돕기의 기본원칙은 대상자가 요의나 변의를 느끼지 못하면 배설기록지를 기록하여 배설시간과 양 등의 습관을 파악하고 치매 대상자의 방을 화장실에서 가까운 곳에 배정한다. 화장실 위치를 알기 쉽게 표시해 두고 화장실에서 옷을 쉽게 벗을 수 있도록 벨트나 단추 대신 조이지 않는 고무줄 바지를 입도록 하고 세탁하기 편하고 빨리 마르는 옷감의 재질을 선택하게 하는 것이 좋다. 낮에는 가능하면 기저귀를 사용하지 않는 것이 좋으며 기저귀는 대상자에게 수치감을 유발하고 실금 사실을 알리려는 일을 안 하게 할 수 있으므로 가능하면 착용을 하지 않는다. 그리고 야간에 화장실 이용이 위험할 때는 쿠션이 있고 시트나 등받이가 있는 이동변기를 사용하게 좋으나 바퀴가 달린 변기는 위험하므로 사용을 금지한다. 그러나 바퀴가 달려 있는 경우라면 사용 시에 반드시 잠금이 되어 있어야 하고 대소변을 잘 가렸을 때는 칭찬을 해주고, 실금한 경우에도 괜찮다고 말한다. 또한 치매 대상자를 잘 관찰하면 화장실에 가고 싶을 때 하는 행동이나 표정을 알 수 있으므로 적절한 시기(식사 전, 외출 전)에 화장실 이용을 유도하도록 하며 강요하지 않는다. 하루 식사량과 수분 섭취량은 적당량을 유지하고, 배뇨곤란이 있는 경우 야간에 수분섭취를 제한하며, 항상 부드러운 말로 손동작을 보이면서 뒤처리 방법을 시범 보여 치매 대상자 자신이 행동에 옮기게 한다. 단, 뒤처리 후에는 아무 일도 없었던 것처럼 행동한다. 대상자가 실금한 경우에는 민감하게 반응하지 않고, 비난하거나 화를 내지 않으며 가능한 한 빨리 더러워진 옷을 갈아 입히고 실금으로 젖은 신체부위는 씻기고 말려 피부를 깨끗이 유지하게 한다. 또한, 환기를 자주 시키고 요와 이불을 잘 말려서 실금 후 냄새를 관리하고 실금사건, 매일 수분과 음식물 섭취 내용 배변에 대한 치매 대상자의 요구 등과 배설상황을 기록하여 배설리듬을 확인한다. 배뇨관리로는 소변을 볼 때 방광을 확실히 비우게 하기 위해 배뇨 후, 몸을 앞으로 구부리도록 도와주거나 치골 상부를 눌러주고, 요실금이 있으면 배뇨 스케줄에 따라 계획된 배뇨 훈련을 시행해 본다. 초기에는 매 2시간마다 배뇨하게 하고, 점차 시간을 늘려가면서 낮에는 2시간, 밤에는 4시간 간격으로 배뇨하게 하고, 위장질환이나 기타 요인에 의해 대변을 가리지 못하고 변실금이나 설사를 하는 경우, 의료인과 상의한 후 원인을 확인하고 대변이 무르지 않도록 섬유질 섭취를 조절한다.

변비인 경우에는 섬유질이 많은 음식과 하루 1500~2000cc 정도의 충분한 수분을 섭취하도록 하고 일정한 시간 간격으로 변기에 앉혀 배변을 유도하고 손바닥을 이용하여 배를 가볍게 마사지하여 불편감을 줄여주고 의료인과 충분히 상의하여 필요하면 변비약을 먹이거나 관장을 할 수도 있다. 단, 관장은 의료행위이므로 간호사가 수행해야 한다.

배설문제는 치매 대상자의 일상생활에 장애 요인이 되므로 적절한 요양보호가 필요하다. 또한

제2장. 치매노인에 대한 서비스 기본원칙

대부분 치매 대상자는 자기보호기능이 저하되어 있으므로 요양보호사는 이들을 보호적 환경에서 인내심을 가지고, 수용적이고 부드러운 태도로 대해야 한다. 치매 대상자에게 흔한 배설문제는 다음 원인과 관련이 있거나, 다음의 행동을 동반한다. 뇌기능 장애로 배설할 수 없거나 느끼지 못하는 경우, 화장실을 찾지 못하거나, 화장실을 가는 데 시간이 많이 걸리는 경우, 배설 방법을 잊은 경우, 행동이 느려진 경우, 옷을 벗고 입는 데 시간이 걸리는 경우, 배변 후 휴지를 사용하지 않거나, 사용한 휴지를 아무 데나 버리는 행위, 배변 후 물을 내리지 않거나, 대변과 소변을 구별하지 못하는 행위, 화장실 이외의 장소에서 배설을 하는 행위, 화장실에 이르지 못하고 배설하는 경우, 화장실을 모르는 경우에 배설의 문제가 발생할 수 있다. 그러므로 요양보호사는 대상자가 화장실에 가고 싶을 때 보이는 비언어적 신호에도 주의를 기울여야 한다. 바지의 뒷부분을 움켜잡고 있을 경우, 윗 옷을 올리는 경우, 구석진 곳을 찾거나 대중 앞에서 옷을 벗으려고 할 경우, 서성이면서 안절부절 못할 경우가 있으므로 주의를 기울여야 한다.

3. 개인위생의 기본원칙

치매 대상자의 개인위생을 도울때에는 주변에 대한 무관심 또는 기억장애로 인하여 개인위생에 소홀한 경우가 많기 때문에 이에 대한 관리가 필요하다. 대상자의 개인위생 관리 방법으로 목욕, 구강위생, 옷 입기에 대한 기본원칙에서 치매 대상자의 목욕을 도와줄 때는 조용히 부드럽게 대해야 하며 목욕을 강요하지 말고 과정을 단순화시키며, 일정한 시간에 정해진 방법에 따라 목욕을 하여 치매 대상자의 거부감을 줄인다. 치매 대상자는 뜨겁거나 차가운 것에 대한 판단력이 떨어지기 때문에 요양보호사가 미리 목욕물의 온도를 확인하여야 하며, 목욕탕 바닥이나 욕조가 미끄럽지 않도록 욕조바닥과 욕실바닥에는 미끄럼방지 매트를 깔아준다. 또한 치매 대상자를 욕실 내에 혼자 머무르게 하지 않으며, 목욕에 필요한 모든 물품을 준비한 후 목욕을 시작하고 치매 대상자가 욕조에 들어갈 때는 반드시 옆에서 부축을 한다. 목욕을 도울 때에는 목욕준비를 하면서 치매 대상자가 해야 할 일을 한 가지씩 제시하고 정중하게 대하며, 물에 대한 거부반응을 보이는 경우 작은 그릇에 물을 떠서 장난을 하게 하고 욕조에서 미끄러지더라도 다치지 않도록 욕조 내에 적당량의 물을 받아 둔다. 즉, 발목 정도 높이의 물을 미리 받은 후, 대상자를 욕조에 들어가게 하고, 조금씩 채우나, 운동실조증이 있는 치매 대상자는 넘어져 다칠 수가 있기 때문에 샤워보다는 욕조에서 목욕하는 것이 안전하나, 욕조시설이 없으면 샤워실 내에 지지대를 설치하거나 목욕의자를 사용한다. 그리고 피부가 접혀지는 부위가 잘 씻겼는지 확인하고, 목욕을 한 후에는 물기를 잘 닦아주고 말려야 하며, 목욕 후 피부상태를 관찰한다.

4. 구강위생의 기본원칙

구강위생의 기본원칙에 대하여 보자면 칫솔은 부드러운 치솔모를 사용하여 잇몸 출혈을 방지하고, 치약은 삼켜도 상관없는 어린이용을 사용한다. 의치는 하루에 6~7시간 정도 제거하여 잇몸에 무리를 주지 않게 하고, 의치가 잘 맞지 않으면 치과의사에게 교정을 의뢰해야 하며, 치주에 염증이 생겼는지 자주 확인한다. 그리고 편마비가 있는 치매 대상자는 음식물이 한쪽에 모여 있지 않도록 신경을 써야 한다. 구강위생 돕는 방법은 필요한 도구를 세면대 위에 순서대로 가지런히 놓아 주고, 거울을 보고 칫솔질을 하게 하거나, 옆에서 한 동작씩 시범 보여준다. 그러나, 양치한 물을 뱉지 않는 경우, 입안에 칫솔이나 숟가락을 넣고 말을 건네어 물이 뱉어지게 하며 스스로 양치질할 수 있는 치매 대상자가 양치질을 거부할 경우에는 물치약이나 2% 생리식염수로 적신 거즈를 감은 설압자 또는 일회용 스펀지 브러시에 묻혀 치아와 입안을 닦아 치석 생성을 예방한다. 의치는 매일 치매 대상자가 가장 협조를 잘 할 수 있는 시간을 택해 닦아주며, 변형이 되지 않도록 의치 보관용기에 물을 넣어 담가 두고 치아가 없는 치매 대상자는 식후에 물이나 차를 마시게 하여 입안을 깨끗이 해준다.

5. 옷 입기 기본원칙

옷 입기 기본원칙은 치매 대상자에게 깨끗하고 계절에 맞는 옷으로 몸에 꼭 끼지 않고, 빨래하기 쉬운 옷을 제공한다. 혼란을 예방하기 위해 색깔이 요란하지 않고 장식이 없는 옷을 선택하고, 시간이 걸려도 혼자 입도록 격려하며 대상자의 안전을 위해 옆에서 지켜보고, 앉아서 입게 한다.

옷 입기 돕는 방법은 치매 대상자가 옷을 순서대로 입지 못하는 경우 속옷부터 입는 순서대로 옷을 정리해 놓아두고 부득이하게 옷을 입혀줄 경우, 치매 대상자도 옷 갈아입는 데 참여하고 있음을 인식시킨다. 또한, 치매 대상자가 옷 입는 것을 거부하면 다투지 말고 잠시 기다린 뒤 다시 시도하거나 목욕시간을 이용하여 갈아입히고 단추를 제대로 채우지 못하는 경우에는 단추 대신 부착용 접착천으로 여미는 옷을 이용한다. 앞뒤를 구분하지 못하는 경우에는 뒤바꿔 입어도 무방한 옷을 입게하고, 자신의 옷이 아니라고 하면, 옷 라벨에 이름을 써 둔다.

6. 운동의 기본원칙

운동은 체력 유지와 숙면, 위장운동에 도움이 되므로 치매 대상자에게 규칙적인 운동이 필요하다. 운동돕기의 기본원칙은 먼저 현재의 운동기능을 평가하고, 치매 대상자와 시간을 같이 하며 친숙해진 뒤 운동을 시켜야 한다. 집 주위를 산책하고 계단을 오르내릴 수 있는 정도라면 다양한 운동이 가능하나, 혈압이 높거나 심장병이 있는 경우에는 의사에게 사전 검진을 받아야 한다. 그리고 운동은 심장에서 멀고 큰 근육인 팔다리에서 시작하여 천천히 진행하며, 운동량은 점차 늘리고 운동 도중에 문제가 발생하면 시설장이나 간호사 등에게 알린다. 운동을 돕는 방법으로는 대상자가 즐거워하는 운동을 한다. 일반적으로 산책이 가장 간편하고 효과적인 운동이며, 굽이 낮고 편안한 신발과 부드럽고 흡수성이 좋은 양말을 신고, 서서히 걷는 시간을 늘리는 것이 좋다. 매일 같은 시간대에 같은 길을 걸으면서 일정한 순서대로 풍경들을 말해주면 혼란을 막고 초조감을 줄일 수 있다. 그리고 균형을 잡을 수 있으면 앉은 자세보다 선 자세에서 운동하는 것이 효과적이고 가능하면, 치매 대상자 스스로 운동하도록 유도한다. 이때 요양보호사는 치매 대상자의 안전과 사고 예방을 위하여 노력해야 하며 각종 사고로 인한 응급상황에 대한 대비책을 마련해 두어야 한다. 치매 대상자가 다쳤을 때 누구에게 연락하고 의뢰할 것인지, 화재발생 시에는 어떻게 대피시킬 것인지 등에 대해 계획해 놓아야 하며 감각 및 기능적인 손상을 고려하여 치매 대상자의 환경을 바꾸어야 한다. 그리고 치매 대상자에게 안내를 위해서 시계, 달력, 신문 등과 같은 단순한 단서를 이용하며 언어에 대한 이해가 떨어지면, 글로 쓰인 단서보다는 그림을 사용하고 어두워지기 전에 혹은 어두워지자마자 희미한 불을 켜두며 치매 대상자가 지나친 자극을 받지 않도록 환경을 단순화한다.

7. 침실환경의 기본원칙

치매 대상자의 방과 주변은 위생적이고 안전성을 우선적으로 고려하여 배치하여야 하며 2층보다는 1층이 좋으며, 가족이나 요양보호사가 잘 관찰할 수 있는 곳에 위치하는 것이 좋으며 치매 대상자는 시력이 약화되어 있고 비슷한 색깔을 구분하기 힘들기 때문에 난간, 출입구 및 난로 주변에는 밝은색 야광테이프를 붙이는 것이 좋다. 그리고, 다리미, 칼, 헤어드라이어, 재봉틀, 난로, 약, 살충제, 페인트, 세제, 단추, 성냥, 라이터 등 위험한 물건과 모서리가 날카롭고 뾰족한 가구, 유리처럼 깨지기 쉬운 물건은 치매 대상자가 닿을 수 없는 곳에 보관한다. 계단의 윗부분에는 간이문을 달아 치매 대상자가 그곳까지 왔다가도 되돌아가게 하고, 특히 야간에 굴러 떨어지지 않게 주의하고, 넘어질 수 있기 때문에 치매 대상자가 다니는 곳에 전기코드나 양탄자, 깔개를 두지 않는다. 유리문이나 큰 유리창에는 눈높이에 맞춰 그림을 붙여 유리라는 것을 알게 하고, 방 안에 난방 기구를 켜 놓았을 때 치매 대상자를 혼자 있게 해서는 안되며 난간은 치매 대상자의 체중을 감당할 수 있도록 단단한 벽에 고정시키고 주기적으로 점검한다. 또한, 미끄러운 바닥재는 피하고, 계단의 카펫은 잘 고정되어 있는지 살피고, 창문이 안전하게 잠겨 있는지 확인하고, 방 안에서는 잠그지 못하는 문으로 설치한다. 치매 대상자가 시간을 잘 인식하도록 낮에는 밝게 하고 밤에는 밝지 않게 하며 침대에서 떨어지지 않도록 침대를 벽에 붙여 놓고, 두꺼운 요 등을 침대 밑에 깔아 둔다. 휠체어를 이용하는 치매 대상자 침실 환경 휠체어에 앉아 옷을 걸 수 있게 옷걸이 높이를 조절하고, 침대에서 쉽게 닿을 수 있는 곳에 전화기 또는 비상벨을 설치한다.

8. 화장실의 기본원칙

화장실은 치매 대상자의 방에서 가까운 곳으로 정하고 밤에 갑자기 잠에서 깨서 화장실을 갈 수 있으므로 화장실 전등은 밤에도 켜두어야 한다. 또한 치매 대상자의 눈높이에 맞추어 '화장실'

표시를 하고 화장실에 들어가서 문을 잠그고 나올 때 잠긴 문을 여는 방법을 모르는 경우가 있으므로 화장실 문은 밖에서도 열 수 있는 것으로 설치한다.

9. 욕실의 기본원칙

욕실의 문턱은 없애어 걸려 넘어지지 않게 하고 목욕탕에 난간이나 손잡이를 설치하며 미끄럼 방지 매트를 욕조와 샤워 장소 등 바닥에 설치한다. 치매 대상자는 뜨거운 것을 잘 느끼지 못하므로 온수기의 온도를 낮추고, 온수가 나오는 수도꼭지는 빨간색으로 표시하고, 화상예방을 위하여 노출된 온수파이프는 절연체로 감싸준다. 그리고 욕실에서 사용하는 세제는 치매 대상자의 눈에 띄지 않는 곳에 보관하여야 하며, 치매 대상자가 놀라지 않도록 거울이나 비치는 물건은 없애거나 덮개를 씌운다.

10. 주방의 기본원칙

주방에는 깨지기 쉽거나 위험한 물건은 보관장에 넣고 자물쇠로 채워두며 가스선은 밖에서 잠그고 냉장고에 부착하는 과일이나 채소 모양의 자석은 치매 대상자가 먹을 수 있으므로 사용하지 않는다. 음식물 쓰레기는 치매 대상자가 꺼내 먹을 수 있기 때문에 주방 안에 두지 않는다.

11. 차안에서 기본원칙

차 안에서는 반드시 안전띠를 착용하고 차가 달리는 도중에 안에서 문을 열지 못하도록 잠금장치를 하여야 한다.

12. 의사소통의 기본원칙

치매 대상자는 기억능력 및 지능이 저하되어 대화가 불가능한 경우가 많다. 그러나 생각하고 있는 모든 것을 말로 전할 수 없어도 한정된 대화나 태도로 의사소통을 시도할 수 있다. 치매의 정도에 따라서 적절한 말이 나오지 않는가 하면 친숙한 사람의 이름이나 물품의 이름을 말할 수 없는 경우도 있다. 중증이 되면 말수도 줄어들고 전혀 말이 없어져 버릴 수 있지만, 스킨십, 문자, 그림 등을 활용하여 의사소통할 수 있다. 치매 대상자와의 적절한 의사소통은 치매 대상자들의 일상생활 유지 및 문제행동 조절에 필수적이다. 의사소통의 기본원칙에는 언어적인 의사소통, 비언어적인 의사소통이 있다.

1) 언어적 의사 소통방법의 기본원칙

언어적 의사 소통방법으로 대상자의 신체적 상태를 파악하여야 한다. 치매 대상자는 의사표현을 적절하게 할 수가 없기 때문에 배가 고프다거나 목이 마르다거나 하는 자신의 상황을 제대로 전달하지 못한다. 배가 고픈 것을 배가 아프다고 말하기도 한다. 그러므로 상황을 주의해서 관찰하고 필요할 때 도와주어야 하며, 대상자를 존중하는 태도와 관심을 갖는다. 즉, 치매 대상자가 실수를 했을 때 화를 내거나, 야단을 치거나, 비웃으면 대상자가 상처를 입으므로 자존심이 상하는 말이나 표현은 하지 않는다. 비협조적인 행동이나 엉뚱한 행동을 할 경우 '부탁합니다 등의 따뜻한 말로 존중하는 태도를 유지하면서 협조를 요청하고, 대상자가 이해할 수 있도록 말한다. 치매 대상자는 물건을 잃어버리고 주변 사람들을 의심하거나, 자꾸만 다른 곳에 가겠다고 집을 나가려고 하거나, 밥 먹은 것을 잊어버리고 밥을 달라고 재촉하는 등 기억력 장애로 인한 문제행동 등이 나타날 수 있다. 그러므로 대상자의 속도에 맞춘다. 치매 대상자 대부분은 동작이 느리고 말과 행동이 일치하지 않기 때문에 대상자의 속도에 맞추어 천천히 대하고 대상자가 반응할 때까지 기다린다. 목소리는 낮은 음조로 천천히, 차분히, 상냥하고 예의바르게 하고, 그때마다 대상자의 반응을 살핀다. 너무 큰 목소리로 말하거나 목소리의 톤을 높이면 대상자는 말하는 사람이 화가 난 것으로 여길 수도 있다. 어린아이 대하듯 하지 않는다. 치매 대상자를 대할 때에는 어린아이에게 이야기하는 것처럼 말하지 않으며 반드시 존칭어를 사용한다. 명령하는 투로 말하지 않으며 부정형 문장보다는 긍정형 문장을 사용하고, '이것은 해도 되고, 저것은 안 된다'는 표현을 할 수 있다는 것이 어떤 것인가를 정확히 이야기해 주는 것이 좋으며, 이를 반복적으로 설명해야 한다. 치매 대상자는 인지기능 저하로 상대방의 말뜻을 이해하지 못하고 자기 마음대로 판단할 수 있다. 이러한

제2장. 치매노인에 대한 서비스 기본원칙

경우에는 다시 의미를 충분히 설명하고, 대상자가 이해하지 못하면 반복하여 설명한다. 치매 대상자가 질문에 대해 답을 할 수 없어 좌절감을 느낄 수 있으므로 '왜'라는 이유를 묻는 질문보다는 '네', '아니요'로 간단히 답할 수 있도록 질문한다. 대명사(그 사람, 저것, 거기)보다는 명사(의자, 손자, 욕실 등)를 이용하여 의사소통한다. 대상자를 인격적으로 대한다. 대상자가 심각한 언어장애를 가진 치매 대상자라도 요양보호사의 말을 이해하지 못한다고 생각하지 않는다. 대상자와 함께 있으면서 마치 없는 것처럼 이야기하지 않으며, 대상자가 요양보호사를 믿지 않는다 하여도 요양보호사는 존중하는 태도를 유지한다. 간단한 단어 및 이해할 수 있는 표현을 사용한다. 치매 대상자에게 한 번에 여러 가지 말을 하면 혼란스러워한다. 한 번에 한 가지씩만 질문하되 간단하고 명료한 단어를 사용하고, 쉬운 단어와 짧은 문장을 사용한다. 대상자가 판단이 가능하면 선택할 수 있는 내용을 간단하고 확실하게 제시한다. 대상자에게는 한 번에 한 가지씩 설명한다. 치매 대상자는 몇 가지 일을 동시에 해야 하는 경우 이를 모두 기억하지 못하며 내용을 이해하지도 못해 엉뚱한 행동을 할 위험이 증가하므로 한 번에 한 가지씩 설명한다. 가까운 곳에서 얼굴을 마주 보고 말한다. 치매 대상자는 시력과 청력에 장애가 있는 경우가 많으므로 가까이서(1m 이내) 말하는 것이 좋다. 또한 대화에 집중하고 있다는 것을 보여주기 위해 얼굴을 마주 보고 말하는 것이 좋다. 대상자를 뒤에서 부르거나, 걷고 있을 때 말을 걸면 신체의 균형을 잃어 넘어질 우려가 있다. 또한 무언가에 관심을 보이고 있을 때 말을 걸면 대상자가 듣지 못할 수도 있으므로 기다렸다 말을 건다. 항상 현실을 알려준다. 치매 대상자에게 접근할 때는 주의를 끌기 위하여 이름을 부르고 자신이 누구인지 밝힌다. 일상생활을 할 때도 '아침 7시예요, 아침 식사하세요', '밤 9시예요, 주무세요'라고 말하며 항상 현재 상황을 알려주며, 일상적인 어휘를 사용한다. 치매 대상자와 말할 때는 유행어나 외래어를 사용하지 말고, 일상적인 어휘를 사용한다. 대상자가 들어보지 못한 낯선 어휘는 대상자를 불안하게 할 수 있고, 자신과 말하고 있는 상대방이 누구인지를 잊어버릴 수도 있다. 때로는 고향 사투리로 말을 걸어 보는 것이 좋은 방법이 될 수도 있다. 과거를 회상하게 유도한다. 치매 대상자는 지난날을 회상하면서 자신을 되찾고 불안한 감정을 가라앉힐 수 있다. 옛날에 즐겨 부르던 노래를 부르거나 옛일을 회상하며 대화를 이끌어 나가는 것이 인지기능 유지나

심리적 안정면에서도 도움이 된다.

2) 비언어적 의사 소통방법의 기본원칙

비언어적인 의사소통은 손짓, 발짓 또는 소리를 사용한다. 귀가 잘 안 들리는 대상자에게는 손짓, 발짓으로 표현하고, 눈이 잘 안 보이는 대상자에게는 말과 함께 소리로 표현해 주어야 한다. 언어적인 표현 방법과 적절한 비언어적인 표현 방법을 같이 사용한다. 신체적인 접촉을 사용한다. 대상자와 눈을 맞추고 미소를 지으며 대상자가 좋아하면 손이나 어깨를 감싸는 등의 신체적 접촉을 한다. 그 밖에 부드럽고 따뜻하게 손을 잡아주거나 눈맞춤, 고개를 끄덕이는 행동을 통하여 대상자의 기분을 이해하고 있다는 것을 표현한다. 치매 대상자의 비언어적인 표현 방법을 관찰한다. 대상자에게서 나타나는 모든 비언어적인 표현 방법을 면밀히 관찰하고 필요하면 글을 써서 의사소통한다. 말을 걸어도 알아듣지 못하는 경우에는 글을 사용해서 의사소통을 한다. 글로 써서 의사소통을 할 때에는 반드시 주어를 포함하고, 요점을 명확하고 간결하게 써야 한다. 또한, 대상자가 쉽게 피곤해지기 쉬우므로 긴 대화는 피한다. 언어 이외의 다른 신호를 말과 함께 사용한다. 손가락으로 물건을 가리키는 것, 대상자의 손을 이끌어 지적하는 것 등 말이 아닌 다른 신호를 말과 함께 사용한다. 먼저 신호를 보여주고 나서 대상자가 따라 하게 한다. 대상자의 행동을 복잡하게 해석하지 않는다. 대상자가 이해하는 것은 요양보호사가 이해하는 것과 다를 수가 있고, 치매 대상자의 신체적 언어가 대상자의 의도를 전부 대변하는 것은 아닐 수 있으므로 복잡하게 해석하지 않는다.

3) 치매 단계별 의사소통

치매 단계별 의사소통에 초기 문제는 대상자가 일관성 및 연결성이 손상되어 자주 확인하고 설명을 요구하고, 대화의 주제가 자주 바뀌며, 사용하는 어휘의 수가 점차적으로 줄어들고, 물건이나 사람의 이름을 부르는 것이 어려우며, 과거, 현재, 미래 시제를 올바르게 사용하는 것을 어려워한다.

제2장. 치매노인에 대한 서비스 기본원칙

중기에는 애매모호한 내용을 이야기하고, 일관성이 없어지고, 혼동이 증가하며 대화의 주제가 제한되고, 불특정 다수를 지칭하는 용어(이것, 그들, 그것)의 사용이 증가한다. 그리고 사용하는 어휘의 수가 초기 치매 단계보다 줄어들고 올바른 이름을 지칭하지 못하는 '명칭 실어증'을 보이며 대화 중에 말이 끊기는 횟수가 증가한다. 적절한 어구를 사용하지 못하는 경우가 늘어나고, 부적절한 명사, 부정확한 시제를 사용하는 경우가 늘어난다.

말기에는 의사소통을 유지하는 데 어려움이 있으며, 말이 없어지고(무언증), 대화할 때 시선을 맞추는 것을 어려워하며 사용하는 어휘의 수가 현저하게 적다. 올바른 이름을 사용하는 것이 더욱 어려워지고 자발적인 언어표현이 감소되어 말수가 크게 줄어든다. 심하면 스스로는 말을 안 하고 앵무새처럼 상대방의 말을 그대로 따라하게 되며 발음이 부정확하여 치매 대상자의 말을 이해하기 어렵고, 치매 대상자는 다른 사람들이 이야기한 것을 제대로 이해하지 못한다. 그러므로 치매 단계별 의사소통 방법으로 초기에는 간단하고 직접적인 언어로 요점을 설명하고 구체적으로 표현하고 대상자가 집중력이 높은 시간대를 파악하여 대화하며 유사한 의미의 다른 언어를 이야기해 준다. 대상자가 요청하기 전에 구체적인 방법과 정보를 제공하고 대상자가 응답할 시간을 충분히 준다. 외래어나 약어로 된 단어는 사용하지 않으며, 대화 내용을 요약정리하고, 중요한 내용은 반복하며 대상자가 과거의 긍정적인 기억이나 사건을 회상하도록 도우며, 대상자가 감정 상태를 표현할 수 있도록 돕고, 대상자를 돕고자 하는 마음을 표현한다.

중기에는 대상자와 눈을 마주치며 이야기를 하며 길고 복잡한 문장은 피하고, 대화 주제를 갑자기 바꾸지 않고 대상자에게 친숙한 물건을 활용한다. 의사소통의 내용을 이해하고 있다는 것을 확인시켜 주고 대상자가 반응할 때까지 기다려주며 대상자가 반응하지 않으면 반복하여 질문한다. 이때는 같은 표현을 반복하기보다 같은 의미의 다른 용어와 좀 더 단순한 표현을 사용하고 '그' 혹은 '그 사람'과 같은 불특정 인칭대명사나 명사보다는 대상자의 이름을 사용하며 대상자가 자주 사용하는 단어와 문구를 활용한다. 친숙한 활동을 통해 대화를 시도하며 대상자의 방에 있는 물건마다 이름표를 붙이고 대상자의 행동을 개인적인 의미로 받아들이지 않는다. 대상자의 말을 경청하고 대상자의 말을 반복해서 이야기하며 이용 가능한 모든 단서를 활용고 격려하고 칭찬한다.

말기에는 대상자를 마주 보며 이야기한다. 즉, 대상자의 이름을 부르면서 이야기를 시작하고 요양보호사 자신의 이름을 말한다. 또, 대상자가 좋아했던 음악을 함께 듣고 책을 읽고 편안하고 부드러운 모습으로 이야기하며 낮은 톤으로 다정하고 차분하며 천천히 분명하게 말한다. 그리고 대상자가 응답하지 않더라도 계속해서 이야기하고 대상자가 모든 것을 듣고 있다고 가정한다. 방 안에 아무도 없는 것처럼 이야기하지 않으며 신체적 접촉을 적절히 활용하며, 대상자의 비언어적 메시지를 확인하고 대상자가 이야기하는 모든 것에 반응하며 대화가 끝난 뒤에는 항상 마무리 인사를 한다

13. 치매 대상자의 문제행동 대처

치매대상자의 문제행동을 대처할 때에는 치매 대상자가 우울과 위축행동을 비롯하여 망상, 의심, 배회 등 다양한 이상행동을 보이므로 감정과 행동이 갑자기 변화하거나 해 질 무렵에 특정 증상이 더 악화되기도 한다. 요양보호사는 이러한 문제행동에 대처하기 위해 안전하고 안정된 환경을 조성하고, 각 상황에 맞는 요양보호를 제공해야 한다. 치매 대상자는 비논리적으로 이야기하거나 반복적 질문이나 같은 단어나 행동을 연속적으로 여러 번 반복하게 된다. 이때에는 치매 대상자의 주의를 환기시키고(반복적인 행동이 해가 되지 않으면 무리하게 중단시키지 말고 그냥 놔두어도 된다) 치매 대상자가 심리적 안정과 자신감을 갖도록 도와주며 질문에 답을 해주는 것보다 치매 대상자를 다독거리며 안심시켜 주는 것이 중요하므로 반복되는 행동을 억지로 고치려고 하지 않는다. 즉, 같은 방법으로 반복 질문이나 반복 행동을 할 때에는 대한 관심을 다른 곳으로 돌리기 위해 크게 손뼉을 치는 등 관심을 바꾸는 소음을 내며, 치매 대상자가 좋아하는 음식을 주거나 좋아하는 노래를 함께 부른다. 또는 과거의 경험이나 고향과 관련된 이야기를 나누고 콩 고르기, 나물 다듬기, 빨래개기 등 단순하게 할 수 있는 일거리를 제공한다.

1) 치매대상자의 식사돕기

치매대상자의 식사를 도울때에는 그릇의 크기를 조정하여 식사량을 조절하여 치매 대상자가 좋

제2장. 치매노인에 대한 서비스 기본원칙

아하는 대체식품을 이용하고 식사하는 방법을 자세히 가르쳐 준다. 식사 도구를 사용하지 못할 경우 손으로 집어 먹을 수 있는 식사를 만들어 주고 음식을 잘게 썰어 목이 막히지 않게 하고, 치매 말기에는 음식을 으깨거나 갈아서 걸죽하게 만들어 준다. 위험한 물건을 먹지 못하도록 치워야 하나 치매 대상자가 위험한 물건을 빼앗기지 않으려고 하는 경우, 치매 대상자가 좋아하는 다른 간식과 교환한다. 식사 후에는 식사한 것을 알 수 있도록 먹고 난 식기를 그대로 두거나 매 식사 후 달력에 표시하게 한다. 치매 대상자의 식사시간과 식사량을 점검하여야 하며 체중을 측정하여 평상시 체중과 비교 하여 치매 대상자의 영양실조와 비만을 예방하도록 한다. 대상자의 음식섭취 문제행동에 대하여 화를 내거나 대립하지 않으며 서두르지 않고 천천히 먹게 한다. 그러나 장기적인 식사거부는 시설장이나 간호사 등에게 보고한다.

2) 수면장애돕기

치매 대상자는 시간 감각이 없어 낮과 밤이 바뀔 수 있으며, 외부환경이 불편하거나 안정감이 없을 때 잠을 이루지 못하여 수면장애를 일으킬 수 있다. 또한 신체적 질병을 앓거나 심리적으로 불안하고 걱정이 많을 때 수면장애가 심해진다. 그러므로 치매 대상자의 수면상태를 관찰하고 치매 대상자에게 알맞은 하루 일정을 만들어 규칙적인 생활을 할 수 있도록 하루 일과 안에 휴식시간과 가능하면 집 밖에서의 운동을 포함시키며 수면에 좋은 환경을 만든다.

그리고, 낮에 졸게 되면 밤에 수면장애가 심해지므로, 산책과 같은 야외활동을 통해 신선한 공기를 접하며 운동하도록 하고 밤낮이 바뀌어 낮에 꾸벅꾸벅 조는 경우 말을 걸어 자극을 주며 오후와 저녁에는 커피나 술과 같은 음료를 주지 않는다. 소음을 최대한 없애고 적정 실내온도를 유지하며 잠에서 깨어나 외출하려고 하면 요양보호사가 함께 동행한다.

3) 배회

배회는 아무런 계획도 목적지도 없이 돌아다니는 행위로 대다수의 치매 대상자에게서 나타난다. 배회로 인해 낙상이나 신체적 손상을 입을 수 있으므로 주의 깊은 관찰과 관리가 필요하며 치매 대상자가 초조한 표정으로 집 안을 이리저리 돌아다니는 경우, 곧 밖으로 나가려고 하는 것임을 염두에 두어야 한다.

낙상 방지를 위해 안전한 주변 환경을 조성하고 집 안은 어둡게 하지 않으며 침대 옆에 매달려 있거나 부주의하게 내던져진 옷가지는 착각과 환각을 일으킬 수 있으므로 주의한다. 소음은 치매 대상자로 하여금 그들에게 포위당했다는 느낌이 들게 할 수 있으므로 소음은 차단하고 텔레비전이나 라디오를 크게 틀어 놓지 않는다. 규칙적으로 시간과 장소를 알려주어 현실감을 유지하게 하며 치매 대상자가 활기차게 활동할 수 있도록 단순한 일거리를 주어 바쁘게 생활하여 배회 증상을 줄인다. 배회 예방을 위해 현관이나 출입문에 벨을 달아 놓아 대상자가 출입하는 것을 관찰하고 창문 등 출입이 가능한 모든 곳의 문을 잠근다. 또한 치매 대상자의 신체적 욕구를 우선적으로 해결해 주며 집 안에서 배회하는 경우 배회코스를 만들어 주고 출입 가능성이 있는 치매 대상자는 신분증을 소지하도록 하고 실종될 경우를 대비해 곧바로 찾을 수 있게 연락처를 적어두며 필요하다면 주소, 전화번호가 적힌 이름표를 대상자의 옷에 꿰매어 주고 관련 기관에 미리 협조를 구한다.

4) 의심, 망상, 환각 증상 돕기

의심, 망상, 환각 증상을 보이는 치매 대상자는 흔히 자신의 물건을 누가 훔쳐 갔다고 의심하여 화를 내거나, 훔쳐 가지 못하도록 감추고 가까운 주변 사람이나 가족이 자신을 죽이려 한다고 의심하기도 한다. 망상 또한 치매 대상자에게 자주 발생하는 증상으로 사실에 근거를 두지 않는 잘못 고정된 믿음이며 주로 발생되는 망상은 피해망상이고 그중 다른 사람이 자신의 물건을 훔쳐 갔다는 도둑 망상이 흔하며 의심의 대상은 치매 대상자를 돌보는 사람이 주로 된다. 이때는 잃어버린 물건에 대한 의심을 부정하거나 설득하지 말고 함께 찾아보고 동일한 물건을 자주 잃어버렸다고 하는 경우, 같은 물건을 준비해 두었다가 잃어버렸다고 주장할 때 대상자가 물건을 찾도록 도와주며 치매 대상자가 물건을 두는 장소를 파악해 놓는다. 잃어버렸다거나 훔쳐 갔다고 주장하는 물건을 찾은 경우, 아무 일도 아닌 것처럼 행동하며 치매 대상자를 비난하거나 훈계하지 말고

제2장. 치매노인에 대한 서비스 기본원칙

규칙적으로 시간과 장소를 알려주어 현실감을 유지하게 하며 치매 대상자가 다른 것에 신경을 쓰도록 계속 관심을 돌린다. 도둑망상으로 치매 대상자가 방을 지킨다며 방 안에만 있기를 고집하면 위험하지 않은 범위 내에서 허용하고, 치매 대상자가 좋아하는 노래를 함께 부르거나 좋아하는 음악을 틀어 놓는다. 또한 보이지 않는 사물이나 사람을 보거나 없는 사람과 대화를 나누는 환각 증상을 보일 수 있으므로 치매 대상자의 감정을 이해하고 수용하며 치매 대상자가 보고 들은 것에 대해 아니라고 부정하거나 다투지 않으며 치매 대상자 앞에서 다른 사람들에게 치매 대상자의 의심이나 행동, 치매 대상자가 잃어버렸다고 의심하는 물건을 이야기하지 않는다. 또한 조롱하는 말투를 사용하지 않으며, 귓속말을 하지 않도록 특히 주의한다. 그리고 치매 대상자에게 하는 모든 행위에 대해 간단히 설명해 주어 요양보호사가 치매 대상자에게 도움을 주려고 한다는 확신을 갖게 하며 망상이 심한 경우 시설장이나 간호사 등에게 알린다.

5) 파괴적 행동

치매대상자는 파괴적 행동을 보이기도 한다. 파괴적 행동이란 울고, 분통을 터뜨리고, 욕설하고, 지나치게 안절부절못하고, 때리거나 물고, 침을 뱉고, 주먹으로 치고, 꼬집는 등의 신체적 폭력을 말한다. 무의미한 사건으로 보이는 것에 대해 자신뿐만 아니라 주위 사람에게 정서적으로 난폭한 반응을 보이는 것이다. 치매 대상자는 일상적으로 해왔던 일을 기억하지 못하고 현재 감정상태에만 반응한다. 특히 여러 가지를 동시에 생각하여 수행하지 못하는 것에 대해 스스로 분노를 느껴 파괴적 행동을 할 수 있다. 파괴적 행동은 치매 대상자와 요양보호사 모두를 지치게 하므로 파괴적 행동반응을 유발하는 사건을 사전에 예방하고 규칙적인 일상생활을 하도록 활동을 구성하여 대상자가 자신의 활동을 예측할 수 있게 치매 대상자의 수준에 맞는 의사 결정권을 준다. 이상행동 반응을 보이면 질문하거나 일을 시키는 등의 자극을 주지 말고 조용한 장소에서 쉬게 한다. 치매 대상자가 혼돈하지 않도록 한 번에 한 가지씩 제시하거나 단순한 말로 설명한다. 이해하지 못한 말은 다른 형태로 설명하지 말고 같은 말로 반복한다. 온화하게 이야기하고, 치매 대상자가 당황하고 흥분되어 있음을 이해한다는 표현을 한다. 천천히 치매 대상자의 관심 변화를 유도하고 행동이 진정된 후에는 왜 그랬는지 질문하거나 이상행동에 대해 상기시키지 않는다. 또한, 치매 대상자가 활동에 참여하고 있는 중이면, 활동을 중지시키고 가능한 한 다른 자극을 주지 않으며 갑자기 움직여 대상자가 놀라게 하지 말고 천천히 안정된 태도로 움직인다. 일상적인 생활에 대하여 자상하게 반복하여 설명하고 신체적인 요양보호기술을 적용할 때마다 도와주는 행동을 말로 표현한다. 치매 대상자가 끊임없이 난폭한 발작을 하지 않는 한 신체적 구속은 사용하지 않으며 불필요한 신체적 구속은 피하고 구속이 불가피한 경우 신체의 일부만 구속하며 구속한 후에는 공격적인 행동이 사라질 때까지 접촉을 줄인다. 모든 신체 언어는 위협적으로 느끼지 않게 한다. 또한 파괴적 행동은 고집스러움이나 심술을 부리려는 의도가 아니라 치매에 의한 증상임을 이해하여야 한다.

6) 석양증후군

치매증상으로 석양증후군이 나타날 수 있으며 석양증후군은 치매 대상자가 해 질 녘이 되면 더욱 혼란해지고 불안정하게 의심 및 우울 증상을 보이는 것으로 대상자의 생활에 변화가 생긴 후 더 자주 발생하고, 주의집중 기간이 더욱 짧아지며, 현실이 자신을 고통 속에 처하게 만든다고 생각하여 더욱 충동적으로 행동한다. 해 질 녘에는 요양보호사가 충분한 시간을 가지고 치매 대상자가 좋아하는 인형, 애완동물, 익숙한 소리를 듣거나 좋아하는 일을 하는 것에서 위안을 받게 하여 즐거운 시간을 갖게 하거나 텔레비전을 켜놓거나 조명을 밝게 하고, 요양보호사는 치매 대상자를 관찰할 수 있는 곳에서 활동하게 하고, 낮 시간 동안 움직이거나 활동하게 하며 신체적 제한은 하지 않는다. 신체적 제한은 치매 대상자가 소리를 지르거나, 몸부림치거나, 화내고, 고집부리는 행동을 더욱 악화시키므로 하지 않는다. 또한 맑은 공기는 정신을 맑게 하고 치매 대상자의 들뜬 마음을 가라앉히게 할 수 있으므로 대상자를 밖으로 데려가 산책을 한다. 그리고, 따뜻한 음료수, 등 마사지, 음악 듣기 등이 잠드는 데 도움이 된다.

7) 성행위

일반적으로 치매 대상자는 치매가 진행되면서 성에 대한 흥미를 잃어버리므로 부적절한 성행위가 드물게 나타난다. 하지만 일부 치매 대상자는 자위행위, 사람들 앞에서 옷 벗기, 성기 노출 등의 성적 행동을 하기도 한다. 그러나 치매 대상자는 보통 성 자체에는 관심이 없다는 것을 인식하고, 부적절한 성적 행동관련 요인을 관찰한다. 즉, 의복으로 인한 불편감이나 대소변을 보고 싶은 욕구가 있는지 확인하고, 옷을 벗거나 성기를 노출한 경우, 당황하지 말고 옷을 입혀주고, 치매 대상자가 성적으로 부적절한 행동을 할 때, 즉각 멈추지 않으면 치매 대상자가 좋아하는 것을 가져간다고 경고함으로 행동교정을 하며 노출증을 감소시키기 위해 벌과 보상을 적절히 사용하고 이상한 성행위가 복용 중인 약물 때문에 유발될 수 있음을 이해한다. 치매 대상자가 성적으로 관심을 보이면, 공공장소에 가는 것을 삼가고, 방문객을 제한하여 사고를 예방하며, 심한 경우 시설장이나 간호사 등에게 알리고 상의한다.

에듀컨텐츠·휴피아
CH Educontents·Huepia

제3장 시설노인에 대한 서비스 기본원칙

1. 식사돕기

요양보호사는 대상자가 편안히 식사하도록 도와야 한다. 식사 전에 대상자가 균형 잡힌 식사를 하고 있는지, 적절한 양의 식사를 하고 있는지, 불편한 점이 있는지 살피고 식욕 증진을 위해 식사 전에 몸을 움직이거나 잠시 밖에 나가서 맑은 공기를 마시면 기분도 좋아지게 할 수 있다. 입맛이 없는 경우에는 다양한 음식을 조금씩 준비하여 반찬의 색깔을 보기 좋게 담아내 식욕을 돋구고, 노인요양시설에 입소한 대상자는 균형 잡힌 식단을 규칙적으로 제공받으므로 요양보호사는 적절한 양을 섭취하도록 도우며, 재가요양보호 대상자는 음식 준비부터 섭취까지 모든 과정을 돕는다. 그리고 대상자의 씹고 삼키는 능력을 고려하여 일반식, 잘게 썬 음식, 갈아서 만든 음식, 유동식 등의 식사를 준비하고 대상자가 식사 도중 사레에 들리지 않도록 가능하면 앉아서 상체를 약간 앞으로 숙이고 턱을 당기는 자세로 식사하고 의자에 앉을 수 없는 대상자는 몸의 윗부분을 높게 해 주고 턱을 당긴 자세를 취하게 한다. 그리고 배 부위와 가슴을 압박하지 않는 옷을 입히고 음식을 삼키기 쉽게 국이나 물, 차 등으로 먼저 목을 축이고 음식을 먹게 한다. 대상자가 충분히 삼킬 수 있을 정도의 적은 양을 입에 넣어주고 완전히 삼켰는지 확인한 다음에 음식을 입에 넣고, 음식을 먹고 있는 도중에는 대상자에게 질문을 하지 않는다. 대상자가 천식이나 폐에 질병이 있는 경우에는 평소에도 숨 쉬기 힘들므로 음식을 줄 때 더욱 주의해야 하며, 식사할 때 대상자가 사레들리거나 숨 쉬기가 어려울 경우에는 식사를 중단하고 즉시 시설장이나 관리책임자에게 알려야 한다.

돕는 방법으로 식사전 물수건 또는 휴지, 젓가락, 숟가락, 포크, 꺾인 빨대, 그릇, 앞치마나 턱받이, 자세 지지를 위한 베개, 뚜껑 달린 물컵, 칫솔, 기타 식사보조도구 등을 준비하고 대상자를 확인하고 자신을 소개한다. 대상자의 배설 여부를 확인하고, 적절하게 조치 후 물과 비누로 손을 씻고, 주변을 편안하고 깨끗하게 정리하고, 대상자의 상태에 맞춰 최대한 스스로 음식을 먹을 수 있도록 격려한다. 음식에 맞춰 식기, 포크, 숟가락, 젓가락 등을 준비하고 대상자 스스로 식사할 수 있도록 식사 방법을 고안한다. 시력이 저하된 대상자에게는 스스로 식사할 수 있도록 음식을 시계방향으로 두고 혹, 누워있는 상태라도 삼키고 소화하기 쉽도록 가능한 한 상체를 세운 편안한 자세를 취하게 하고, 앉을 수 있는 대상자는 침대의 머리를 최대한 올리고 등에 베개를 대어 주고 음식을 먹을 때는 약간 옆으로 앉게 하며 머리를 올리기 어려운 대상자는 옆으로 눕히고 등에 베개를 대고 얼굴을 요양보호사가 있는 방향으로 돌려 식사하게 한다. 옷과 침구가 더러워지지 않도록 앞치마나 턱받이를 대상자 턱 밑에 대어 주고 음식물을 삼키기 쉽게 식사 전에 물을 한 모금 마시게 하며 식사하기 전에 음식의 온도를 확인하고 음식은 조금씩 제공하고 한 손을 받쳐서 대상자 입 가까이 가져가 숟가락 끝부분을 입술 옆쪽에 대고 숟가락 손잡이를 머리 쪽으로 약간 올려 음식을 먹인다. 음식물을 다 삼킨 것을 확인한 후에 음식물을 다시 넣어주며 충분히 씹을 수 있도록 기다리고 그 속도에 맞추어 음식을 주어야 하고 식사를 할 때는 천천히 식사에 집중하도록 조용한 환경을 만들고 대상자가 먹는 장소에서 큰 소리로 이야기하지 않으며 사레들릴 수 있으므로 주의 깊게 관찰한다. 특히 편마비가 있는 대상자는 음식을 삼키기 어려워하므로 식사하는 동안 더욱 주의하고, 빨대를 사용해야 할 경우 손가락 사이에 빨대를 고정한 후 대상자 입에 물게 하고 국물은 빨아 마실 수 있는 용기에 옮기거나 구부러지는 굵은 빨대를 이용하여 스스로 마시게 한다. 입가에 묻은 음식물 또는 마비된 쪽 입가에 흐르는 음식물은 자연스럽게 닦아준다. 식사를 마치면 그릇과 턱받이를 치우고 얼굴에 마비가 있는 대상자는 식사 후 입안에 음식이 남아있어도 이를 알지 못하므로 남아있는 음식은 삼키든지 뱉을 수 있게 양치질을 하거나 입안을 헹군다. 입 주위를 닦고 치아(의치)를 깨끗이 닦으며, 특히 마비된 쪽의 뺨 부위에 음식 찌꺼기가 남기 쉬우므로 식후 구강 관리를 하고 가능하다면 식사 후 30분 정도 앉아 있게 한다.

2. 투약돕기

투약돕는 방법에 대하여 알아보자면 정확한 약물이, 정확한 대상자에게, 정확한 용량을 정확한 경로, 정확한 시간에 투약되도록 하며 투약 후 평소와는 다른 이상반응이 나타나는지 관찰하여야 한다. 또한 대상자가 안전하고 정확하게 약을 사용하도록 도와야 하고 약의 종류에 따라 가루로 만들 수 있는 약과 그대로 투약해야 하는 약이 있으므로 되도록 약국에서 가져온 상태로 투약되도록 한다. 대상자의 신체 상태로 인해 약을 삼키지 못할 경우 요양보호사가 임의로 약을 갈거나 쪼개지 말고 약사나 의사에게 문의하여 지시에 따르며, 유효기간이 지났거나 확실하지 않은 약은 절대 사용하지 않으며, 처방된 이외의 약을 섞지 않으며 잘못 복용했을 경우 시설장이나 관리책임자에게 보고한다.

1) 경구약 투약

경구약 돕는 방법으로 처방 약, 숟가락, 주사기, 물, 컵, 계량컵, 눈금 있는 약물통, 빨대(물약 투약, 치아 착색 방지) 등의 물품을 준비하고 요양보호사는 물과 비누로 손을 씻고, 약포장지에 쓰인 대상자의 이름을 확인 후 대상자가 입으로 약을 삼킬 수 있는지, 금식인지, 오심이나 구토가 있는지를 확인한다. 그 다음 침상머리를 높이고 반좌위를 취하게 하고, 대상자에게 투약 절차를 설명하고, 오염되지 않도록 준비된 약의 용량을 확인하고 가루약, 알약, 물약의 투약 방법에 따라 약을 준다. 위장관에서 잘 흡수되게 물을 충분히 제공하여 약을 잘 삼키게 한 후 입을 벌리게 하거나 질문을 하여 전부 투약되었는지 확인 후 물품을 정리하고 물과 비누로 손을 씻는다. 단, 약을 먹으면서 기침을 심하게 하거나 구토하면 시설장이나 간호사 등에게 보고한다.

2) 안약이나 안연고 투약

눈의 감염 및 증상을 치료하기 위해 안약이나 안연고가 필요한 대상자에게 정확하게 투여한다. 물품으로는 깨끗한 비닐장갑, 멸균수나 생리식염수에 적신 멸균 솜, 안약, 거즈를 준비하고, 안약을 투여할 때에는 물과 비누로 손을 씻는다. 약병 겉면에 쓰인 대상자 이름과 약품의 유효기간, 점적 방울 수를 확인하고 대상자에게 투약 절차를 설명한 후 대상자가 앉거나 누워서 편안한 자세를 취한 후 약의 용량을 확인하고 오염되지 않도록 준비하여 깨끗한 장갑을 착용하고, 멸균수나 생리식염수에 적신 멸균솜으로 눈 안쪽에서 바깥쪽으로 닦아준다. 안약 투여 시 아랫눈꺼풀(하안검) 밑부분에 멸균솜이나 거즈를 대고 대상자에게 천장을 보게 하고 대상자의 아랫눈꺼풀(하안검)을 아래로 부드럽게 당겨서 결막낭을 노출하여 아랫눈꺼풀(하안검)의 중앙이나 외측으로 1~2cm 높이에서 안약용액을 투여하고 점적이 끝난 후 비루관을 잠시 가볍게 눌러 안약이 코 안으로 흘러 내려가는 것을 막아준다. 장갑을 벗고 물과 비누로 손을 씻는다. 안연고의 투여 방법은 안약 투여 방법과 비슷하지만, 안연고는 처음 나오는 것은 거즈로 닦아 버린다. 아랫눈꺼풀(하안검)을 잡아당겨 아래 결막낭 위에 튜브를 놓고 안쪽에서 바깥쪽으로 안연고를 2cm 정도 짜 넣고 대상자에게 눈을 감고 안구를 움직이게 하고, 튜브를 멸균수나 생리식염수에 적신 멸균 솜으로 닦고 뚜껑을 닫은 후 눈꺼풀 밖으로 나온 연고는 멸균 생리식염수에 적신 멸균 솜으로 닦고, 비닐장갑을 벗고, 물과 비누로 손을 씻는다.

3) 귀약투약

귀약은 귀의 감염을 치료하고, 통증을 줄이기 위해 투여하며, 깨끗한 장갑, 면봉, 점적기가 달린 약병, 면으로 된 솜을 준비하고 물과 비누로 손을 씻고, 약병 겉면에 쓰인 대상자의 이름과 약품의 유효기간을 확인한 후 대상자에게 투약 절차를 설명하고 대상자가 치료할 귀를 위쪽으로 하여 귀약 투여에 편안한 자세를 취하도록 한다. 면봉에 용액을 묻혀 대상자의 귓바퀴와 외이도를 깨끗하게 닦고, 손으로 약병을 따뜻하게 하거나 약병을 잠깐 온수에 담구어야 하는데 이는 귀약이 너무 차거나 뜨거우면 내이를 자극하여 오심, 구토, 어지러움을 일으킬 수 있기 때문이다. 그리고, 귓바퀴를 후상방으로 잡아당겨 약물투여가 쉽도록 한 후 측면을 따라 정확한 방울 수의 약물을 점적하고, 귀 입구를 잠깐 부드럽게 눌러주고 약 5분간 누워있도록 한다. 작은 솜을 15~20분 동안 귀에 느슨하게 끼워 놓았다 제거하고 물과 비누로 손을 씻는다.

4) 주사주입 돕기

주사주입 돕는 방법에 대해 알아보자면, 주사주입 대상자에게 약이 정확하게 투여되는지 확인하고, 이상증상이 있는 경우 시설장이나 관리책임자에게 보고해야 한다. 먼저 의복을 갈아입거나

제3장. 시설노인에 대한 서비스 기본원칙

대상자가 이동할 때에는 수액세트가 당겨지거나 주사바늘이 빠지지 않도록 조심하여야 하며 수액병은 항상 대상자의 심장보다 높게 유지하고 정맥주입 속도가 일정하게 유지되는지 수시로 확인한다. 주사 부위가 붉게 되거나, 붓거나, 통증이 있는 경우 조절기를 잠근 후, 즉시 시설장이나 관리책임자에게 보고하고, 간호사가 바늘을 제거한 후에는 1~2분간 알코올 솜으로 지그시 누르고, 절대 비비지 않는다.

5) 피부건조증

노인의 피부는 건조하고 거칠며 윤기가 없고 피부각질이 생기기 쉬우므로 손발 및 피부 건조를 예방하기 위해서는 보습을 고려한 클렌저나 비누를 선택해야 한다. 또한, 청결 유지를 위하여 주기적으로 오일이나 로션 등을 사용하며 피부에 상처가 나지 않도록 조심하고 피부에 자극을 주는 침구나 모직의류 등은 피하고 면제품을 사용하는 것이 좋으며 피부의 색이나 상처, 분비물 유무를 시설장이나 간호사 등에게 보고한다. 손과 발을 닦아 청결을 유지하게 되면 악취나 무좀을 예방하고, 손발의 말초 부위를 따뜻하게 함으로써 혈액순환을 촉진하고 기분을 상쾌하게 한다. 요양보호사는 먼저 물과 비누로 자신의 손을 씻고 세면대야, 따뜻한 물을 넣은 포트, 비누, 수건, 손톱깎이, 로션, 방수포 준비한다. 대상자에게 인사하고, 요양보호사 자신을 소개한 후 절차를 설명하고 가능하면 대상자를 앉히거나 편안한 자세를 취하게 하고 씻으면서 이불이나 바닥이 물에 젖지 않도록 방수포를 깔아둔다. 비누를 이용해 손가락, 발가락 사이를 씻은 뒤 헹구고 수건으로 물기를 닦은 후 대야를 치우고 손톱깎이를 이용하여 손톱은 둥글게, 발톱은 일자로 자르고, 로션을 바르며 부드럽게 마사지한 후 사용한 물품을 정리하고, 물과 비누로 손을 씻는다. 손톱이나 발톱이 살 안쪽으로 심하게 파고들었거나 발톱 주위 염증이나 감염 등 이상이 있을 경우 시설장이나 간호사 등에게 보고한다.

3. 세수돕기

대상자가 스스로 세수할 수 없는 경우, 얼굴을 깨끗이 씻어 주면 혈액순환이 촉진되고 청결

함이 유지되므로 자존감과 정서적인 안정감을 느낄 수 있게한다. 세수 돕기의 필요한 준비 물품은 커튼이나 스크린, 대야 2개(비누세척용, 헹굼용), 수건(대 1개, 소 2개), 따뜻한 물, 면봉, 거울, 비누, 피부유연제(로션이나 오일)가 있으며 돕는 방법으로는 먼저 물과 비누로 손을 씻고 필요 물품을 준비하며 대상자에게 인사하고, 요양보호사 자신을 소개한 후 절차를 설명하고 커튼이나 스크린을 사용하여 대상자를 가린 후 손 소독제로 손을 깨끗이 한다. 침대머리를 높이거나 가능하다면 대상자를 앉히고 부드럽고 깨끗한 수건을 따뜻한 물에 적셔 눈의 안쪽에서 바깥쪽으로 닦고, 다른 쪽 눈을 닦을 때는 수건의 다른 면을 사용하며, 눈 밑에서 코, 뺨 쪽으로 닦은 후 입 주위를 닦고 이마를 머리 쪽으로 쓸어 올리며 닦고 귀의 뒷면, 귓바퀴, 목의 순서로 닦고, 마른 수건을 이용해 얼굴에 남아있는 물기를 제거하고 피부유연제(로션이나 오일)를 바른다. 대상자가 원하면 거울을 볼 수 있게 돕고, 면봉으로 귀 입구의 귀지를 닦아내고 사용한 물품을 정리하고, 물과 비누로 손을 씻는다. 그리고, 대상자가 안경을 사용하는 경우에는 하루에 한 번 이상 안경 닦는 천으로 안경을 잘 닦거나 물로 씻어 깨끗하게 한다.

노인의 눈은 눈물과 눈곱으로 염증이 잘 생긴다. 만약 눈곱이 끼었다면 눈곱이 없는 쪽 눈부터 먼저 닦는다. 한 번 사용한 수건의 면은 사용하지 않는다. 대상자가 안경을 사용하는 경우에는 하루에 한 번 이상 안경 닦는 천으로 안경을 잘 닦거나 물로 씻어 깨끗하게 한다. 노인은 귀지가 쌓여 중이염이나 난청을 일으키기도 한다. 정기적으로 면봉이나 귀이개로 귀 입구의 귀지를 닦아내고, 귓바퀴나 귀의 뒷면도 따뜻한 물수건으로 닦아낸다. 노인은 콧물이 자주 나오며 이물질로 코가 잘 막히고 비염 등이 발생하기 쉬우므로 세안 시 코안을 깨끗이 닦고, 콧방울을 세심히 닦아 주며 코털이 코 밖으로 나와 있다면 깎아 준다. 입, 이마, 볼, 목은 수건에 비누를 묻혀 입술과 주변을 깨끗이 닦은 후, 이마와 볼, 목의 앞, 뒤를 골고루 세심하게 닦는다. 깨끗한 수건으로 닦아준다.

4. 면도 돕기

면도 돕기 방법으로는 대상자가 가지고 있는 면도기의 사용방법에 맞추어 사용하되, 상처가

제3장. 시설노인에 대한 서비스 기본원칙

나지 않게 주의한다. 그러나, 면도하기 전부터 상처가 있거나, 면도하면서 상처가 생겨 피가 날 경우 상처를 건드리지 않게 주의하며 물과 비누로 손을 씻고 준비 물품으로는 면도기 또는 전기면도기, 따뜻한 물, 거울, 따뜻한 물 담는 용기, 클렌징 거품용기, 수건(2장), 로션, 클렌징크림, 폼클렌징을 준비하여 인사하고, 요양보호사 자신을 소개한다. 절차를 설명하고 커튼이나 스크린을 사용한다. 침대머리를 높이거나 가능하다면 대상자를 앉히고 면도 전 따뜻한 물수건으로 덮어 건조함을 완화 시킨 후, 폼클렌징의 거품을 충분히 내고 귀밑에서 턱, 입 주위와 코밑에 거품을 발라 놓는다. 면도날은 얼굴 피부와 45° 정도의 각도를 유지하며, 짧게 나누어 일정한 속도로 면도하여야 하지만, 피부가 주름져 있다면 아래 방향으로 부드럽게 잡아 당겨 면도하고 귀밑에서 턱 쪽으로, 코밑에서 입 주위 순서로 진행한다. 따뜻한 수건을 이용해 얼굴에 남아 있는 거품을 제거하고 피부유연제(로션이나 크림)를 바르고 대상자가 원하면 거울을 볼 수 있게 하고 사용한 물품을 정리하고, 물과 비누로 손을 씻는다.

5. 목욕돕기

요양보호 대상자들에게 목욕은 다음과 같은 효과가 있다. 피부의 노폐물을 제거하여 몸을 청결하게 유지할 수 있으며 적당한 온도의 목욕물은 대상자의 긴장을 풀어주어, 심신을 편안하게 하고 숙면에도 도움이 된다. 또한 목욕은 전신의 신진대사를 촉진하며, 혈액순환을 돕고 근육 및 관절의 이완을 돕고 피부 문제 등 대상자의 전신을 꼼꼼히 살필 수 있다

목욕물 온도는 따뜻하게(40°C 내외) 맞추고 샤워를 하는 경우 샤워기를 틀어주고 대상자가 샤워기 밑에 서기 전에 물의 온도를 맞춘다. 그러나 식사 직전·직후에는 목욕을 피하고 목욕 전에 소변 또는 대변을 보도록 유도하며 대상자의 몸 상태(표정, 얼굴색, 열, 혈압상승 여부, 맥박, 체온, 피부, 설사, 콧물, 재채기, 기침)를 확인한다. 욕조에 손잡이를 붙이거나 미끄럼 방지 매트를 깔아 안전사고를 예방하고 대상자가 할 수 있는 부분은 스스로 하도록 하여 성취감을 경험하게 하며 목욕 중에는 대상자의 상태를 자주 확인하며 목욕은 20~30분 이내로 끝내고 체온이 떨어지지 않도록 목욕 중에는 자주 따뜻한 물을 뿌려준다. 치매노인일 경우 목욕을 거부할

수 있으므로 강제로 목욕을 시키지 말고 부드러운 말로 유도하며 평소 좋아하는 것으로 화제를 돌려 목욕하도록 유도한다(세탁, 걸레 빨기, 손 씻기 등).

1) 통목욕 돕기

통 목욕을 돕는 방법으로는 먼저 물과 비누로 손을 씻고 목욕담요, 목욕수건, 비누, 대야, 목욕의자, 미끄럼방지 매트, 샴푸, 린스, 빗, 헤어드라이어, 갈아입을 옷, 피부유연제(로션이나 오일), 귀막이 솜, 마른 수건 등의 필요 물품을 준비한 후 인사하고, 요양보호사 자신을 소개하고 절차를 설명한다. 대상자의 상태와 기호를 고려하여 실내온도를 조절한다. 욕조에 더운물을 받아 요양보호사의 손등으로 물의 온도를 확인하고 옷 벗는 것을 도와주며 스스로 할 수 있는 것은 스스로 하게 하며, 대상자를 목욕의자에 앉히고 발끝에 물을 묻혀 미리 온도를 느껴보게 한 후 다리, 팔, 몸통의 순서로 물로 헹구고 회음부를 닦아낸다. 편마비 대상자는 욕조에 들어가기 전에 욕조 턱 높이와 욕조 의자 높이를 맞추어 앉게 하고 건강한 쪽으로 손잡이나 보조도구를 잡게 한 후, 요양보호사는 대상자의 마비된 쪽 겨드랑이를 잡고 건강한 쪽 다리, 마비된 쪽 다리 순으로 옮겨 놓게 한다. 욕조에 있는 시간은 5분 정도로 하고, 부력으로 불안정해지므로 등을 대고 안전하게 앉아 있도록 하며, 머리를 감길 때에는 욕조에서 나오게 하여 목욕의자에 앉히고 감긴다. 목욕수건에 비누를 묻혀 말초에서 중심으로 몸을 닦고, 발가락 사이와 발바닥도 섬세하게 닦는다. 되도록 스스로 씻게 하고, 도움이 필요한 부분만 보조하며 샤워기의 물 온도를 확인한 후 비누거품을 닦아낸다. 목욕 후 한기를 느끼지 않도록 물기를 빨리 닦고 귀 뒤의 물기도 제거하고, 귀 입구는 면봉으로 잘 닦아내며, 필요시 머리카락은 헤어드라이어를 사용하여 빠르게 말리고, 의자에 앉혀서 오일 등 피부유연제를 전신에 바르고 옷 입는 것을 돕는다. 어지러움, 피로감이 있는지 대상자의 상태를 확인하고 따뜻한 우유, 차 등으로 수분을 섭취하고 휴식을 취하게 하며 사용한 용품을 정리하고 물과 비누로 손을 씻는다.

제3장. 시설노인에 대한 서비스 기본원칙

2) 샤워돕기

노인의 샤워 경우 서서하는 샤워는 몸에 무리가 가거나, 낙상의 위험이 있으므로 목욕의자를 이용하여 안전하게 앉은 자세로 하는 것이 바람직하다. 샤워방법은 통목욕과 동일하다. 침상 목욕은 움직이기 어려운 대상자를 침대에 누인 채로 편안하고 청결하게 목욕을 도울 수 있으며 자연스럽게 피부상태를 관찰할 수 있다. 요양보호사는 물과 비누로 손을 씻은 후 커튼이나 스크린, 목욕담요, 목욕수건, 대야 2개(비누용, 헹굼용), 물받이 물통, 따뜻한 물을 넣은 포트, 방수포, 갈아입을 옷, 면봉, 바디로션 등의 필요 물품을 준비하고 대상자에게 인사하고, 요양보호사 자신을 소개하고 절차를 설명한다. 커튼이나 스크린을 이용하며, 손 소독제로 손을 깨끗이 하고 창문이나 방문을 닫아 따뜻하게 하며, 따뜻한 목욕물을 준비한다. 요양보호사 쪽의 침대 난간을 내리고 대상자의 체위를 변경하고 침대 위에 방수포를 깔고 대상자의 의복을 벗기고 목욕담요를 몸 위에 덮은 후 수건에 물을 적시고 짠 다음, 엄지장갑 모양이나 한 면씩 접어 사용하기 쉬운 모양 만들어 눈, 코, 뺨, 입 주위, 이마, 귀, 목의 순서로 닦는다. 양쪽 상지는 손목 쪽에서 팔 쪽으로 닦고 손가락, 손바닥, 손등을 꼼꼼히 닦는다. 겨드랑이 밑이나 손가락 사이는 더러워지기 쉬운 부분이므로 철저하게 닦으며 흉부와 유방은 원을 그리듯이 닦고 복부는 배꼽을 중심으로 시계방향으로 닦는다. 이는 장운동을 활발하게 하여 배변에 도움이 되기 때문이다. 양쪽 하지는 무릎을 세워서 발꿈치나 무릎 뒤를 손으로 받치고 발끝에서 허벅지 쪽으로 닦으며, 고관절 부위나 무릎의 뒷면도 닦는다. 등과 둔부는 옆으로 눕게 하여 목 뒤에서 둔부까지 닦고, 둔부 사이와 항문 주위를 깨끗하게 하고, 뼈가 돌출된 등이나 둔부는 욕창이 생기기 쉬우므로 피부의 색상을 관찰하고 이상이 없을 시 목욕 후 등 마사지를 한다. 회음부를 씻을 때에는 대상자가 수치심을 느끼지 않도록 주의하고 목욕수건 등으로 씻을 부위 이외의 부위는 가려 주며 목욕수건과 물은 필요할 때마다 깨끗한 것으로 자주 교환하고, 목욕을 마친 후 깨끗한 옷으로 갈아입히고, 물을 마시게 하고 휴식을 취하게 한다. 사용한 물품을 정리하고, 물과 비누로 손을 씻으며, 특이 사항이 있는 경우 시설장이나 간호사 등에게 보고한다. 하지만, 목욕이나 샤워를 할 수 없는 경우 회음부는 분비물과 배설물로 더러워지기 쉬워 악취가 나고, 여성은 방광염, 요로감염의 원인이 되므로 청결을 유지하는 것이 중요하다. 그러므로 회음부나 음경을 닦을 때는 전용수건, 거즈나 솜을 사용해야 하며 회음부는 요도, 질, 항문 순서로 되어 있어 반드시 앞쪽에서 뒤쪽으로 닦아 내야 하며 뒤쪽에서 앞쪽으로 닦을 경우 감염을 일으킬 수 있다. 돕는 방법으로는 먼저 요양보호사는 물과 비누로 손을 씻은 후 커튼이나 스크린, 목욕담요, 목욕수건이나 홑이불, 비누, 대야 2개(비눗물용, 헹굼용), 물받이 통 또는 변기, 따뜻한 물을 넣은 포트, 방수포, 일회용 장갑, 물수건, 마른 수건, 물 등의 필요 물품을 준비하고 대상자에게 인사하고, 요양보호사 자신을 소개한 후 절차를 설명한다. 커튼이나 스크린을 쳐서 개인 프라이버시가 보호되도록 하고 손 소독제로 손을 깨끗이 한 후 일회용 장갑을 착용한다. 누워서 무릎을 세우게 하고 목욕담요를 마름모꼴로 펴서 대상자의 몸과 다리를 덮고 목욕 담요의 양쪽 아랫단 끝을 가까운 쪽 다리 안쪽으로 감고, 아랫단 가운데 부분은 회음부를 덮으며 둔부 밑에 방수포와 목욕수건을 겹쳐서 깔고 변기를 밀어 넣는다. 따뜻한 물을 음부에 끼얹은 다음 물수건에 비눗물을 묻히고 피부에 비눗기가 남지 않도록 깨끗이 닦으며 이때 물을 담을 용기는 생수병 등의 빈 용기를 이용하면 편리하며, 가볍게 짠 물수건으로 여성의 회음부를 앞쪽에서부터 뒤쪽으로 닦아낸다. 남성은 음경을 수건으로 잡고, 겹치는 부분과 음낭의 뒷면도 잘 닦는다. 마른 수건으로 물기를 닦아내고 변기를 빼낸 후 변기가 닿았던 둔부에 남아있는 물기를 닦고 바지를 입히고 편안한 자세가 되도록 돕는다. 사용한 물품을 정리하고 일회용 장갑을 벗고 물과 비누로 손을 씻고, 회음부에 악취나, 염증, 분비물 이상이 있으면 시설장이나 간호사 등에게 보고한다.

6. 두발청결 돕기

두발 청결 돕기에 관하여 보자면 머리를 감기기 전 기분, 안색, 통증 유무 등을 확인하고, 동작 가능 정도에 따라 자세와 장소를 정한다. 모발과 두피 상태를 관찰하여 대상자에게 맞는 머리 감기 방법을 적용하며 머리를 감기 전 기분, 안색, 통증 유무 등을 확인하고 머리를 감아도 되는지 먼저 확인하며, 공복, 식후는 피하고 추울 때에는 비교적 덜 추운 낮 시간대에 감겨야 하며 머리를 감기 전에 대소변을 보게 하며 모든 절차에 대해 미리 설명을 하여 편안하게 해준다.

1) 통목욕시 머리 감기기

통 목욕 시 머리 감길 때에는 요양보호사는 먼저 물과 비누로 손을 씻고 목욕담요, 수건, 샴푸, 린스, 따뜻한 물을 담는 포트, 양동이, 빗, 헤어드라이어, 귀막이 솜, 마른 수건, 면봉, 목욕의자 등의 필요 물품을 준비하고 대상자에게 인사하고, 요양보호사 자신을 소개한 후 절차를 설명하고 실내온도를 따뜻하게 유지하며 목욕 의자에 앉히고 머리 장신구를 제거하고 이물질이 있는지 확인하고 귀에 물이 들어가지 않도록 귀막이 솜으로 양쪽 귀를 막는다. 따뜻한 물로 머리를 적시고, 소량의 샴푸를 덜어 머리와 두피를 손톱이 아닌 손가락 끝으로 마사지한 후 헹구고 린스를 한 후 따뜻한 물로 머리를 충분히 헹구며, 양쪽 귀에서 귀막이 솜을 꺼낸다. 마른 수건으로 물기를 제거한 후 헤어드라이어로 머리를 말리고, 머리는 빗질하여 차분하게 정리하며 사용한 물품을 정리하고, 물과 비누로 손을 씻는다.

2) 침대에서 머리 감기기

침대에서 머리 감길 때 요양보호사는 먼저 물과 비누로 손을 씻고, 커튼이나 스크린, 목욕담요, 수건, 샴푸, 린스, 따뜻한 물을 담는 포트, 머리 감기용 패드(머리 감기용 도구), 양동이, 방수포, 빗, 헤어드라이어, 귀막이 솜, 마른 수건, 면봉 등 필요 물품을 준비하고 요양보호사 자신을 소개한 후 절차를 설명하고 문과 창문을 닫고 실내온도를 따뜻하게 한다. 머리의 장신구를 제거하고 빗질하며 베개를 치우고 침대 모서리에 머리가 오도록 몸을 비스듬히 한다. 방수포를 어깨 밑까지 깔고 어깨 아래 수건을 놓아 어깨 아래에서 가슴 위까지 감싼 후 목욕담요를 덮고, 이불은 허리까지 접어 내린 후 머리 밑에 패드를 대고 패드 끝을 물받이 양동이에 넣는다. 가정에 패드가 없는 경우 신문지 여러 장을 안에 넣고 비닐포로 말아서 사용하며, 솜으로 귀를 막고, 눈에 수건을 올려놓는다. 따뜻한 물로 머리를 적시며 소량의 샴푸를 머리와 두피에 묻혀 손가락 끝으로 마사지하여 따뜻한 물로 헹구고 린스를 한 후 따뜻한 물로 머리를 충분히 헹군다. 뒷머리는 머리를 목을 좌우로 돌리면서 헹구거나 패드 밑에 수건을 넣어 물 빠짐을 조절하여 헹구며 수건으로 머리의 물기를 닦고 패드를 제거하고 양쪽 귀에서 귀막이 솜을 꺼내고 면봉을 이용하여 양쪽 귀의 물기를 제거한다. 면봉 사용 시 귀 안쪽이 손상되지 않도록 주의하며 남아있는 물기를 마른 수건으로 제거한 후 헤어드라이어로 머리를 말리고 빗질하고, 편안한 자세를 취하게 한다. 사용한 물품을 정리하고 물과 비누로 손을 씻는다.

3) 두발 세정제로 머리 감기기

물을 사용하기 어려운 상황이거나 신체적으로 힘든 상황에는 두발 전용 세정제를 사용할 수 있고 물이 없어도 머리카락을 깨끗하게 할 수 있으며 머리에 발라 거품을 내고, 수건으로 닦고 빗어준다.

7. 머리 빗기기

빗질은 매일 하는 것이 좋으며, 머리카락이 엉켰을 경우에는 물을 적신 후에 손질하며 너무 세게 잡아당겨 대상자가 불편하지 않도록 하고 머리 손질 중간, 머리 손질 후 대상자가 거울을 통해 확인할 수 있도록 하여 기호를 최대한 반영한다. 머리손질을 하는 방법을 도울때에는 먼저 요양보호사는 물과 비누로 손을 씻고 커튼이나 스크린, 머리빗, 거울, 수건, 머리핀 등의 필요 물품을 준비하고 대상자에게 인사하고, 요양보호사 자신을 소개한 후 절차를 설명한다. 침대머리를 높이거나 가능하다면 대상자를 앉히고 대상자의 어깨에 수건을 덮고 안경과 머리핀 등은 제거한 후 한 손은 모발을 잡고 다른 한 손으로 두피에서부터 모발 끝 쪽으로 빗고 대상자의 기호에 따라 머리 모양을 정리해 준다. 대상자에게 거울을 제공하여 자신의 머리 모양을 확인하게 하고, 사용한 물품을 정리하고 물과 비누로 손을 씻는다. 모발과 두피에 특이 사항이 있는 경우 시설장이나 간호사 등에게 보고한다.

제3장. 시설노인에 대한 서비스 기본원칙

8. 구강청결 유지하기

　구강 청결은 입술, 치아, 잇몸과 혀 등 입안을 건강한 상태로 유지하는 데 필수적이다. 구강은 점막으로 덮여 있어 상처 입기가 쉽고 음식물 찌꺼기 등에 의해 세균이 번식하기 쉬운 장소이며 칫솔질은 음식 찌꺼기, 프라그 및 세균이 있는 치아를 깨끗이 하고 잇몸을 자극하여 순환을 촉진하고, 불쾌한 냄새와 맛으로 인한 불쾌감을 완화할 수 있다. 칫솔질을 하기 전 입안에 염증이 있는지 확인하고, 상처가 있다면 그 부분을 더 다치지 않도록 주의하며, 치료받아야 할 치아가 있는지, 잇몸, 입천장, 혀, 볼 안쪽 등이 헐었는지 세심하게 관찰하고 이상이 있으면 시설장이나 간호사에게 보고한다. 입안을 닦아낼 때 혀 안쪽이나 목젖을 자극하면 구토나 질식을 일으킬 수 있으므로 너무 깊숙이 닦지 않는다. 치아가 없거나 연하장애가 있는 대상자, 의식이 없는 대상자, 사레들리기 쉬운 대상자의 입안을 닦아낼 때 요양보호사는 먼저 물과 비누로 손을 씻은 후 일회용 스펀지 브러시, 컵(또는 빨대 달린 컵), 작은 주전자, 물받이 그릇, 수건, 거즈, 일회용 장갑, 구강청정제 입술보호제, 설압자(필요시) 등의 물품을 준비하여 대상자에게 인사하고, 요양보호사 자신을 소개 후 절차를 설명한다. 일회용 장갑을 끼고 대상자의 구강상태를 확인 후 대상자가 앉은 자세나 옆으로 누운 자세를 취하게 하며, 부득이하게 똑바로 누운 자세일 때는 상반신을 높여 준다. 목에서 가슴까지 수건을 대주고 거즈를 감은 설압자 또는 일회용 스펀지 브러시를 물에 적셔 윗니와 잇몸을 먼저 닦고 거즈를 바꾸어 아래쪽 잇몸과 이를 닦은 다음 입천장, 혀, 볼 안쪽을 닦아내고 입안을 닦아내는 동안 치료를 받아야 하는 치아가 있는지 잇몸, 입천장, 혀, 볼 안쪽 등이 헐지는 않았는지 세심하게 관찰하고 이상이 있을 시 시설장이나 간호사에게 보고하며 필요한 경우 구강청정제를 사용한다. 입안을 모두 닦아낸 뒤 수건으로 입 주변의 물기를 닦아내고 입술이 건조하지 않도록 입술보호제를 발라주고, 일회용 장갑을 벗고 물과 비누로 손을 씻는다.

9. 입안헹구기

　식전 입안 헹구기는 구강 건조를 막고, 타액이나 위액 분비를 촉진하여 식욕을 증진하며, 식후 입안 헹구기는 구강 내 음식물을 제거하여 구강을 청결히 하고, 음식물로 인한 질식을 예방하므로, 입안 헹구기는 식사 전과 후에 모두 할 수 있다. 입안 헹구기를 하기 전 요양보호사는 먼저 물과 비누로 손을 씻고 컵(또는 빨대 달린 컵), 곡반(물받이 그릇), 마른 수건, 거즈, 일회용 장갑, 구강청정제 입술보호제를 준비하여 대상자에게 인사하고, 요양보호사 자신을 소개한 후 절차를 설명하고, 일회용 장갑을 낀다. 대상자의 구강상태를 확인하고 앉은 자세를 취하게 하고 목에서 가슴까지 수건을 대준다. 미지근한 물로 입안을 적시고 입안이 깨끗해질 때까지 충분히 헹군 후 물받이 그릇에 뱉게 하고 필요에 따라 구강청정제는 사용하며, 마른 수건으로 입 주위를 닦는다. 입술이 건조하지 않도록 입술보호제를 발라 주고 사용한 물품을 정리한 다음 일회용 장갑을 벗고 물과 비누로 손을 씻는다.

10. 칫솔질 하기

칫솔질은 치아에 붙은 음식 찌꺼기를 없애고 치아 세균막을 제거할 수 있으므로 칫솔질하기를 도울 때 요양보호사는 먼저 물과 비누로 손을 씻고 칫솔, 치약, 컵(또는 빨대 달린 컵), 주전자, 곡반(물받이 그릇), 마른 수건, 거즈, 일회용 장갑, 입술보호제, 일회용 컵 등 필요 물품을 준비하여 대상자에게 인사하고, 요양보호사 자신을 소개한 후 절차를 설명하고 일회용 장갑을 낀 다음 대상자의 구강상태를 확인하고, 대상자가 할 수 있는 동작과 할 수 없는 동작을 세밀하게 관찰하고 앉은 자세를 할 수 있으면 가능한 한 앉혀서 머리 부분을 앞으로 숙인 자세로 칫솔질하여야 하지만 앉은 자세를 할 수 없는 경우, 건강한 쪽이 아래로 향하고 옆으로 누운 자세로 칫솔질한다. 수건으로 턱 아래를 받쳐주고, 미지근한 물로 입안을 헹구나 컵을 사용하는 것이 어려울 경우 빨대 달린 컵을 사용하게 하며 치약을 묻힌 칫솔을 45° 각도로 치아에 대고 잇몸에서 치아 쪽으로 3분간 세심하게 닦으며, 칫솔질을 할 때에는 치아뿐만 아니라 혀도 닦고 입안에 물을 머금기 힘들어 할 경우에는 입을 반쯤 벌리게 하고 입안에 물을 부으면서 헹구고, 곡반의 오목한 면이 대상자의 턱 밑에 가게 한 후 흘러내리는 물을 받아내어 입안이 깨끗해질 때까지 여러 번 헹구고 마른 수건으로 입 주위를 닦는다. 잇몸에 출혈은 없는지 확인하고 입술

제3장. 시설노인에 대한 서비스 기본원칙

보호제를 바르고 사용한 물품을 정리한 다음 일회용 장갑을 벗고 물과 비누로 손을 씻는다.

11. 의치관리 돕기

의치를 뺄 때에는 위쪽 의치를 먼저 빼서 의치 용기에 넣고 아래 의치를 잡고 왼쪽을 오른쪽보다 조금 낮게 하면서 돌려 빼고 부분의치는 클래스프(의치가 구강 내에서 움직이지 않게 하기 위한 것)를 손톱으로 끌어 올려 빼낸 후 의치 용기에 넣으며, 의치를 세척할 때에는 칫솔이나 의치용솔에 의치세정제를 묻혀 미온수로 의치를 닦고 흐르는 미온수에 의치를 헹구며, 인공치아와 인공치아의 사이, 인공치아와 의치바닥 사이 안쪽의 좁게 되어 있는 곳 등은 특히 주의하여 닦는다. 의치를 보관할 때에는 잇몸에 대한 압박자극을 해소하기 위해 자기 전에는 의치를 빼서 보관하며 전체 의치인 경우 건조를 막기 위해서 위쪽과 아래쪽 의치를 맞추어 보관하여야 하며 뚜껑이 있고 의치의 변형을 막기 위해 의치세정제나, 물이 담긴 용기에 넣어 보관하고, 분실되지 않도록 일정한 장소에 보관한다. 의치를 끼울 때에는 대상자의 구강 점막에 상처나 염증이 있는지 확인하고 의치 삽입 전 구강세정제와 미온수로 입을 충분히 헹군 후 윗니를 끼울 때는 엄지와 검지로 잡아 엄지가 입안으로 들어가게 하여 한 번에 끼우고 아랫니는 검지가 입안으로 향하게 하여 아래쪽으로 밀어 넣는다. 잘못하여 삼키는 경우도 있으므로 인지 저하나 마비가 있는 경우 의치의 위치를 자주 확인하고 입술이 건조하고 트는 것을 막기 위해 입 주위를 닦은 후 입술보호제를 발라주고, 사용한 물품을 정리한 후 일회용 장갑을 벗고 물과 비누로 손을 씻으며 대상자의 구강 점막 내 이상 증상이 발견되면 시설장이나 간호사에게 보고한다.

12. 옷 갈아입히기

옷은 체온을 조절하고 외부로부터의 자극에 대해 몸을 보호한다. 땀이나 분비물로 더러워진 옷을 갈아입어 청결을 유지하면 기분의 전환, 삶의 의욕을 높일 수 있으므로 옷 갈아입히기를 할 때에는 기분상태, 안색, 통증, 어지러움, 열이 있는지 확인하고 실내온도를 따뜻하게 유지하고 겨울에는 요양보호사의 손, 의복의 온도를 따뜻하게 유지한 후 목욕수건 등을 몸에 걸쳐서 노출되는 부분을 최대한 적게 하여 수치심을 느끼지 않게 하고 상·하지의 마비 유무, 걷거나 서는 동작, 앉는 자세의 가능성 유무를 확인한다. 편마비나 장애가 있는 경우, 옷을 벗을 때는 건강한 쪽부터 벗고 옷을 입을 때는 불편한 쪽부터 입히고, 옷의 색상, 개인의 생활 리듬을 고려하고 상·하의가 분리되어 입고 벗기 쉬우며 가볍고 신축성이 좋은 옷을 선택하는 것이 좋다.

1) 상의갈아 입히기

상의를 입힐 때 요양보호사는 먼저 물과 비누로 손을 씻고, 커튼이나 스크린, 갈아입을 옷(속옷, 잠옷, 일상복 등), 세탁물 바구니 등 필요 물품을 준비하여 대상자에게 인사하고, 요양보호사 자신을 소개 후 절차를 설명한다. 체위변경이 필요한 대상자에게 단추 있는 옷을 입힐 때에는 요양보호사는 대상자의 마비된 쪽에 서서 상의의 한쪽 소매 끝에서 어깨선, 목선까지 모아 쥐고 악수하듯 대상자의 마비측 손을 잡고 대상자의 마비된 쪽 손을 모아 쥐고 상의를 어깨 위까지 올려 입힌다. 그다음 대상자를 건강한 쪽으로 돌아눕게 하고 등 뒤쪽에 펼쳐져 있는 상의의 소매 부분을 계단식으로 접어놓고 마비된 쪽으로 대상자를 눕힌 후 등 아래쪽에 접혀 있는 상의를 펼치고 요양보호사는 대상자의 건강한 쪽 손을 잡아 팔을 넣을 수 있도록 도와주고 단추를 잠근다.

2) 편마비 대상자 옷갈아 입히기

앉을 수 있는 대상자(편마비)에게 단추 있는 옷 입히기를 할 때에는 대상자를 침대나 의자등 건강한 쪽 팔로 짚고 앉게 하여 요양보호사는 상의의 한쪽 소매 끝에서 어깨, 목선까지 모아 쥐고 요양보호사는 대상자의 마비된 쪽 손을 감싸듯 모아서 잡아 마비된 쪽의 손을 잡고 한쪽 소매를 어깨 위까지 올린 다음 대상자의 등 뒤로 상의를 돌려 건강한 쪽 어깨에 펼쳐 잡아준다. 건강한 쪽 소매 끝과 앞섶을 잡고 어깨 위 방향으로 올려 대상자가 건강한 쪽 팔을 넣어 입을 수 있게 하고 건강한 쪽 손을 잡고 앞섶을 당겨 옷을 바르게 입히고 단추를 잠그고 상의를 단정히 한다.

3) 체위변경이 필요한 대상자에게 단추 없는 옷 입히기

체위변경이 필요한 대상자에게 단추 없는 옷 입히기를 할 때에는 대상자의 마비된 쪽 손을 잡고 대상자의 마비된 쪽 손부터 상의를 입히며, 상의의 머리 부분을 크게 벌려 입기에 편리하도록 하여 머리 쪽을 입히고 남은 한쪽 소매를 건강한 쪽 어깨 위에 놓고 요양보호사는 대상자가 건강한 쪽 팔을 스스로 소매에 넣을 수 있도록 도와준 다음 옷을 펴고 바르게 입힌다.

4) 수액이 있는 대상자에게 단추있는 옷을 입히기

수액이 있는 대상자에게 단추있는 옷을 입힐 때에는 마비된 쪽 팔을 끼우고 대상자를 건강한 쪽으로 돌아눕게 하고 등 뒤쪽에 펼쳐져 있는 상의의 소매 부분을 계단식으로 접고 바로 누운 자세에서 수액을 먼저 건강한 쪽 소매의 안에 밖으로 빼서 걸고 건강한 쪽 팔을 끼우고 단추를 잠근다.

5) 체위변경이 필요한 대상자의 단추없는 옷 벗기기

체위변경이 필요한 대상자의 단추없는 옷 벗길 때 먼저 요양보호사는 대상자의 건강한 쪽 팔꿈치를 구부려 머리 방향으로 올리게 하고, 건강한 쪽 상의를 허리 쪽에서 겨드랑이까지 모아 쥔 후 대상자의 얼굴 쪽에서 시작하여 머리 쪽으로 옷을 벗긴다. 즉, 마비된 쪽 어깨 → 팔꿈치 → 손목 순으로 옷을 벗기고 대상자의 마비된 쪽 손목을 잡고 한쪽 팔을 벗긴 후 양팔을 편안하게 한다. 수액이 있는 대상자의 단추있는 옷 벗기기를 할 때에는 건강한 쪽 팔(수액을 맞고 있는 팔)을 먼저 벗기고 수액을 빼서 건강한 쪽 팔 소매의 밖에서 안으로 뺀 후 수액을 걸고 마비된 쪽 팔을 벗긴다.

6) 하의를 갈아 입히기

하의를 갈아입힐 때 먼저 하의를 벗기기 위해서 요양보호사는 침대의 난간을 내리고 대상자의 곁에 선 다음 대상자의 두 다리를 모아 무릎을 세우고 두 팔과 두 발을 바닥에 지지하고 엉덩이를 들어 올리게 한다. 이때 마비된 쪽 발이 미끄러지지 않도록 요양보호사의 무릎으로 살짝 지지해 주고 요양보호사의 양손으로 대상자의 허리 부분 양옆을 모아 쥐고 허리에서 엉덩이, 허벅지 순으로 바지를 내리고, 바지를 두 발목까지 내려놓고 건강한 쪽을 먼저 벗기고 마비된 쪽을 벗긴다. 이때 요양보호사는 한쪽 손을 오목하게 모아 마비된 쪽 발목 아래에 받치고 다른 한 손은 바지를 모아 쥐며 발목 아래 받치고 있는 손을 펴면서 다리를 내려놓아 바지를 벗긴다.

하의 입히기를 할 때에는 침대에 누워 지내는 대상자라도 엉덩이를 들어 올릴 수 있으면 두 다리를 모아(건강한 쪽 다리를 아래로) 무릎을 세우게 한 뒤, 요양보호사는 바지의 한쪽 발목에서 허리 부분까지 모아 잡고 요양보호사의 한쪽 손은 마비된 쪽 발목을 잡고 다른 한쪽 손으로 마비된 쪽 발을 하의에 끼운 후 요양보호사는 건강한 쪽 바지의 허리 부분을 크게 벌린 다음 대상자는 건강한 쪽 다리를 바지에 넣게 하고, 건강한 쪽 무릎을 세워 엉덩이를 들게 하고 바지의 양쪽 허리선을 잡고 올려서 입힌다.

13. 체위변경

체위변경과 이동은 장기간 누워지내는 대상자에게 나타날 수 있는 관절의 굳어짐과 변형을 예방하고 편안함을 제공한다. 모든 과정은 상황에 적당한 방법과 속도로 안전하고 편안하게 실시해야 하며 대상자의 신체상황을 고려하여 안정도 및 운동의 능력, 통증, 장애, 질병상황, 심리적인 측면 등 또한 고려하여야 하며 대상자에게 동작을 설명하고 동의를 구하여야 한다. 이는 대상자 스스로 하려고 하는 의욕·의지를 촉진하는 기회가 되기도 한다. 정상적인 움직임으로 신체에 해를 주지 않는다. 돌아눕고, 앉고, 일어서는 등의 동작은 머리, 팔꿈치, 손과 발, 몸 등 자연스러운 동작에서 비롯되며, 정상적인 움직임을 거스르지 않아야 안전하며, 신체상태와 상황에 따라 돕는 속도와 빈도를 적절하게 하여 안전하고 편안하게 실시한다. 올바른 신체정렬 방법으로는 먼저 대상자와 멀어질수록 요양보호사 신체 손상 위험이 증가하므로 요양보호사의 허리와 가슴 사이의 높이로 몸 가까이에서 잡고 보조해야 하며, 안정성과 균형을 위하여 발을 적당

제3장. 시설노인에 대한 서비스 기본원칙

히 벌리고 서서 한 발은 다른 발보다 약간 앞에 놓아 지지면을 넓히고 양다리에 체중을 지지한 후 무릎을 굽히고 중심을 낮게 하여 골반을 안정시킨다. 대상자 이동 시 다리와 몸통의 큰 근육을 사용하여 척추의 안정성을 유지하여 갑작스러운 동작은 피하고 보조 후 적절한 휴식을 취한다.

침대에서 체위변경은 많은 시간을 누워 지내고 있는 노인의 신체 압력을 분산하며 혈액순환을 돕고 불편감을 줄이므로 지속적인 압력에 의한 문제로 나타나는 욕창을 예방하며 자세를 바꿈으로 호흡기능이 원활해지고 폐 확장이 촉진된다. 체위변경을 통해 혈액순환을 도와 욕창을 예방하고 피부괴사를 방지하고 허리와 다리의 통증 등 고정된 자세로 인한 불편감을 줄이고 관절의 움직임을 돕고 변형을 방지할 수 있다. 자세를 오랫동안 바꾸지 않으면 피부욕창과 괴사를 일으키고 관절의 움직임이 제한되며 혈액순환이 되지 않아 몸이 붓고 혈관 내에 혈전이 생길 수 있으므로 체위변경을 통해 부종과 혈전을 예방한다. 체위변경 시 고려할 점은 대상자의 몸을 잡고 체위변경을 할 경우 관절 밑 부분을 지지해야 하고 베개나 수건으로 체위에 따라 들어간 부분이나 다리 사이를 지지해 주고 보통은 2시간마다 체위를 변경하지만, 욕창이 이미 발생한 경우 더 자주 변경해야 한다.

기본 체위의 형태로는 앙와위라는 바로 누운 자세가 있으며 주로 휴식하거나 잠을 잘 때 자세로 천장을 쳐다보며 똑바로 누운 자세이며, 대상자의 머리 밑에 작은 베개를 받쳐주고 편안함을 위하여 무릎과 발목 밑에 동그랗게 말은 수건이나 작은 베개를 받쳐줄 수 있으나 고관절(엉덩관절)과 무릎관절의 굽힌 구축을 발생할 수 있으므로 장시간의 사용은 주의해야 한다.

또 다른 형태로 반 앉은 자세인 반좌위가 있는데 이 체위는 숨차거나 얼굴을 씻을 때, 식사 시나 위관 영양을 할 때 자세의 자세로 천장을 보며 누운 상태에서 침상머리를 45° 정도 올린 자세로 등 뒤에 베개 두세 개를 사용하여 A자 형태로 받쳐 자세를 유지하거나, 베개 하나를 사용하여 목과 어깨 밑에 받쳐 바른 자세를 만들어 주고, 다리 쪽의 침대를 살짝 올려 주면 대상자가 미끄러져 내려가지 않고 편안함을 유지할 수 있는 자세이다. 다음은 복위라 하는 엎드린 자세가 있는데 이 자세는 등에 상처가 있거나 등 근육을 쉬게 해줄 때 하는 자세로 주로 엎드린 상태에서 머리를 옆으로 돌리거나, 작은 베개 또는 수건 두 개를 말아서 얼굴 부위에 홈을 만들어 주고 대상자의 아랫배에 낮은 베개를 놓으면 허리 앞굽음을 감소시킬 수 있고 아랫배와 발목 밑에 작은 배게 등을 받치면 허리와 넙다리의 긴장을 완화할 수 있으므로 편안한 자세가 된다. 다음의 형태로는 측위라고 하는 옆으로 누운 자세가 있으며 이 자세는 둔부의 압력을 피하거나 관장할 때 자세로 대상자의 머리, 몸통, 엉덩이를 바르게 정렬한 자세로 침대 가운데에 눕혀 대상자의 엉덩관절과 무릎관절은 굽힘 자세가 되어야 한다. 엉덩이를 뒤로 많이 이동시켜 주면 자세는 더욱 편안해지고, 머리 아래 및 위에 있는 다리 밑에 베개를 받쳐주고, 대상자의 가슴 앞에 베개를 놓아 위에 있는 팔이 지지되게 한 후 돌아눕기의 방법과 동일하게 돕는다

14. 이동 도움

대상자의 이동 도움 방법에 대하여 살펴보자면 먼저 침대 위에서의 이동 돕기의 유의점은 욕창, 상처, 마비 유무를 확인하고, 대상자에게 이동하고자 하는 동작을 반드시 설명하고 대상자의 관절능력을 파악한 후 스스로 움직여 협조할 수 있는 것은 협조하게 하고 이동 후 안면창백, 어지러움, 오심, 구토, 식은땀 등의 증상이 나타나면 원래 자세로 눕히고 시설장이나 간호사 등에게 보고하여야 하며, 대상자가 침대 아래(발)쪽으로 미끄러져 내려가 있을 때 체위를 안락하게 유지하기 위하여 침대머리 쪽으로 이동시켜야 한다. 이때 제일 먼저 침대 매트를 수평으로 하고 눕히고 베개를 머리 쪽으로 옮긴 후 대상자의 무릎을 세워 발바닥이 침대바닥에 닿게 하고 대상자가 협조를 할 수 있는 경우 대상자가 침대머리 쪽 난간을 잡게 한 후 요양보호사는 대상자의 대퇴 아래에 한쪽 팔을 넣고 나머지 한 팔은 침상면을 밀며 신호를 하여 대상자와 같이 침대머리 쪽 방향으로 움직인다. 하지만 대상자가 협조를 할 수 없는 경우 침상 양편에 한 사람씩 마주 서서 한쪽 팔은 머리 밑으로 넣어 어깨와 등 밑을, 다른 팔은 둔부와 대퇴를 지지하여 두 사람이 신호에 맞춰 동시에 대상자를 침대머리 쪽으로 옮기고 침대커버와 옷이 구겨져 있는지, 팔의 위치와 찰과상 유무 등 불편한 곳이 있는지 확인하고, 문제가 있으면 해결한다. 오랜 시간 누워있어 대상자가 침대 오른쪽 또는 왼쪽으로 쏠려있을 때에는 침대 중앙으로 이동하여 체위를 안락하게 유지시키기

제3장. 시설노인에 대한 서비스 기본원칙

위하여 요양보호사는 반드시 대상자를 이동하고자 하는 쪽에 선 후 대상자의 두 팔을 가슴 위에 포갠 다음 상반신과 하반신을 나누어 이동시키는데 이때 한 손은 대상자의 목에서 겨드랑이를 향해 넣어서 받치며, 다른 한 손은 허리 아래에 넣어서 상반신을 이동시킨다. 하반신은 허리와 엉덩이 아래에 손을 깊숙이 넣고 이동시키고 대상자의 머리에 베개를 받쳐 안락한 자세를 취하게 한 후 대상자의 옷 및 침대시트 등 불편한 곳이 있는지 확인하고 불편한 문제는 해결해 주어야 하며 체위변경 등과 같이 자세를 바꿀 필요가 있을 때에는 대상자를 옆으로 돌려 눕히기는 시행하며 요양보호사는 반드시 돌려 눕히려고 하는 쪽에 서서 돌려 눕히려고 하는 쪽으로 머리를 돌리고, 옆으로 누웠을 때 팔이 몸에 눌리지 않도록 눕히려는 쪽의 손을 위로 올리거나 양손을 가슴에 포개놓는다. 무릎은 굽히거나 돌려 눕는 방향과 반대쪽 발을 다른 쪽 발 위에 올려놓고 반대쪽 어깨와 엉덩이에 손을 대고, 옆으로 돌려 눕힌 다음 엉덩이를 뒤로 이동시키고 어깨는 움직여 편안하게 하며 필요하다면 베개를 등과 필요 부위에 받쳐준다. 그러나 스스로 돌아누울 수 있는 대상자는 스스로 할 수 있게 최소한만 도와주며, 대상자를 움직일 때 요양보호사가 대상자의 앞에서 수행해야 한다.

1) 편마비 대상자 이동돕기

침대 위에서 휠체어나 이동변기 등으로 이동할 때 일단 일어나 앉은 다음 침대 끝으로 이동해야 하며 일어나 앉는 방법은 대상자의 상태에 따라 조금씩 다르나 모든 대상자에게 우선적으로 일어나는 것에 대해 설명하여야 한다. 여기서 먼저 편마비 대상자를 돕는 방법으로 요양보호사는 대상자의 건강한 쪽에 서서 대상자의 마비된 손을 가슴 위에 올려놓고 대상자의 양쪽 무릎을 굽혀 세운 후 어깨와 엉덩이 또는 넙다리를 지지하여 요양보호사 쪽으로(마비측이 위로 오게) 돌려 눕히고, 요양보호사의 팔을 대상자의 목 밑에 깊숙하게 넣어 손바닥으로 등과 어깨를 지지하고, 반대 손은 엉덩이 또는 넙다리를 지지하여 일으켜 앉힌 후 대상자가 건강한 손으로 짚고 일어날 수 있게 한다. 사지마비 대상자인 경우에는 요양보호사가 대상자를 향하여 가까이 선 후 대상자의 마비된 양손은 가슴 위에 올려 놓고 요양보호사는 한쪽 팔을 대상자의 목 밑을 받쳐 깊숙하게 넣은 후 손바닥으로 반대쪽 어깨 밑을 받쳐주고 다른 손은 대상자의 가슴 위에 올려진 손을 지지하며 대상자 어깨 밑에 위치한 손바닥으로 대상자의 상체를 밀어 올리면서 요양보호사 쪽으로 몸통을 돌려 일으켜 앉힌다. 이때 먼저 돌려 눕힌 후 앉힐 수도 있다.

2) 하반신마비, 사지마비 대상자 이동돕기

하반신마비 대상자인 경우에도 사지마비의 경우와 마찬가지로 요양보호사는 대상자를 향하여 가까이 선 후 대상자의 양쪽 무릎을 굽혀주거나 편안하게 놓아두고 대상자가 일어나고자 하는 방향으로 상체를 돌려 손으로 짚고 일어날 수 있도록 어깨를 지지해 주며 필요시 요양보호사는 한쪽 팔로 대상자의 어깨 밑을 받쳐주고 대상자가 적당하게 일어났을 때 무릎이 자연스럽게 굽혀질 수 있도록 해준다. 이때 하반신마비는 이완성마비인 경우가 많으므로 갑자기 무릎이 꺾여 넘어지는 것을 주의해야 한다.

침대 위에서 휠체어나 이동변기 등으로 이동할 때 일단 일어나 앉은 다음 침대 끝으로 이동하여 침대에 걸터 앉아야 하므로 요양보호사는 앉히고자 하는 쪽에서 대상자를 향하여 가까이 서서 돌려 눕히는 방법에 따라 돌려 눕힐 때 대상자의 목 밑으로 팔을 깊숙이 넣고 다른 한 손은 다리를 지지하게 하고 일으킬 때 신체정렬을 유지한 상태에서 어깨쪽 팔에 힘을 주어 앉힌다.

그다음 일으켜 세우기를 할 때 앞에서 보조하는 경우 대상자는 침대에 가볍게 걸터앉아 발을 무릎보다 살짝 안쪽으로 옮겨주고, 요양보호사는 자신의 무릎으로 대상자의 마비된 쪽 무릎 앞쪽에 대고 지지하며 양손은 허리를 잡아 지지하고 대상자의 상체를 앞으로 숙이며 천천히 일으켜 세우면 되지만, 대상자가 좀 더 많은 보조가 필요하다면 요양보호사의 어깨로 대상자의 가슴쪽이나 어깨 앞쪽을 지지하여 상체를 펴는 데 도움을 주며 대상자가 완전하게 양 무릎을 펴고 선 자세를 취하면 요양보호사는 앞쪽으로 넘어지지 않도록 선 자세에서 균형을 잡을 수 있을 때까지 잡아준다.

옆에서 보조하는 경우에는 대상자를 침대 끝에 앉혀 양발을 무릎보다 조금 뒤쪽에 놓고 요양보호사는 대상자의 마비된 쪽 가까이에 서서, 발을 대상자의 마비된 발 바로 뒤에 놓은 후 한 손으

제3장. 시설노인에 대한 서비스 기본원칙

로 대상자의 마비된 대퇴부를 지지하고, 다른 한 손은 대상자의 반대쪽 허리를 부축하여 천천히 일으켜 세우고 대상자가 양쪽 무릎을 펴서 일어서면 대퇴부에 있던 손을 대상자의 가슴 부위로 옮겨 대상자가 상체를 펴서 자세가 안정될 수 있게 한다.

3) 휠체어 이동 돕기

다리가 자유롭지 못한 사람이나 몸이 불편한 사람이 앉아서 이동할 수 있도록 만들어진 보조기구로 의자차라고도 하며 휠체어를 잠금장치를 사용할 때에는 휠체어 옆에서 손잡이를 잡고 한 손으로 잠금장치를 하며 휠체어를 접을 때에는 잠금장치를 잠근 후, 발 받침대를 올리고 시트를 들어 올린 후 팔걸이를 접고 펼 때에는 잠금장치를 잠그고 팔걸이를 펼친 후 시트를 눌러 편다. 휠체어의 발판 높낮이를 조절할 때에는 휠체어 뒷주머니에 있는 스패너로 발판 밑의 볼트를 왼쪽으로 두세 바퀴 돌려 푼 후 발판을 좌우로 움직이며 대상자의 다리 길이에 맞춘 후 볼트를 오른쪽으로 돌려 조여준다. 휠체어 사용에 있어 기본원칙으로 먼저 휠체어를 선택할 때는 신체 기능 및 사용 공간, 체형에 맞는 것을 선택하고, 휠체어 상태(타이어 공기압, 잠금장치, 바퀴 손잡이, 팔걸이, 발 받침대, 안전벨트 등)를 확인하며 보조물품으로 의자, 지팡이, 보행 벨트(필요시)를 준비한다. 이때 요양보호사 자신의 안전을 확보한 후 항상 대상자 가까이에서 지지하고 몸 상태를 확인하며 마비, 장애, 통증 등을 고려하여 안전이나 안락에 주의를 기울이고 이동에 대한 설명을 하고 대상자에게 협조를 구하며, 이동 중 바퀴에 대상자의 옷이나 물체가 걸리지 않도록 유의하고 이동할 때 속도는 보통 걸음을 걷는 속도로 천천히 이동하는 것이 안전하다.

휠체어를 이용하여 문턱이나 도로 턱을 오를 때에는 요양보호사가 양팔에 힘을 주고 휠체어 뒤를 발로 조심스럽게 눌러 휠체어를 뒤쪽으로 기울이고 앞바퀴를 들어 문턱을 오르고, 문턱이나 도로 턱을 내려갈 때에는 휠체어를 뒤로 돌려 내려가며, 요양보호사가 뒤에 서서 뒷바퀴를 내려놓고, 앞바퀴를 들어 올린 상태로 뒷바퀴를 천천히 뒤로 빼면서 앞바퀴를 조심히 내려놓는다.

오르막길을 갈 때에는 가급적 자세를 낮추고 다리에 힘을 주어 밀고 올라가며 대상자의 체중이 많이 나가거나 경사도가 큰 경우 지그재그로 밀고 올라가는 것도 방법이 될 수 있다. 내리막길을 갈 때 요양보호사는 지지면을 유지하면서 휠체어를 뒤로 돌려 뒷걸음으로 내려가며, 대상자의 체중이 많이 나가거나 경사도가 큰 경우 지그재그로 내려가고 요양보호사는 이때 반드시 고개를 뒤로 돌려 가고자 하는 방향을 살펴야 한다. 울퉁불퉁한 길에서는 휠체어 앞바퀴를 들어 올려 뒤로 젖힌 상태에서 이동하여야 한다. 이는 크기가 작은 앞바퀴가 지면에 닿게 되면 휠체어를 앞으로 밀기가 힘들고, 대상자가 진동을 많이 느끼기 때문이다. 엘리베이터 타고 내리기를 할 때에는 뒤로 들어가서 앞으로 밀고 나온다. 이는 엘리베이터 층 버튼에 쉽게 접근할 수 있으며, 엘리베이터를 나갈 때 돌려야 하는 불편함을 피할 수 있기 때문이다. 또한 엘리베이터에서 나갈 때 작은 바퀴가 엘리베이터와 복도 바닥 사이 틈에 끼일 수 있으므로 주의하여야 하며 엘리베이터에서 완전히 나올 때까지 복도 상황이 관찰되지 않을 수 있으므로 주의한다.

다음은 침대에서 휠체어로 옮기기 방법에 대하여 알아보자면 휠체어는 반드시 건강한 쪽에 휠체어가 오도록 침대에 붙여 놓아야 한다. 이는 마비 측에 휠체어를 놓으면 넘어져서 부상을 입을 수 있기 때문이며, 대상자를 이동하면서 바지를 잡고 움직이면 하의가 엉덩이에 끼여서 불편을 호소할 수 있으므로 반드시 살펴야 하며, 침대에서 휠체어로 옮길 때에는 먼저 대상자에게 휠체어로 옮겨 앉는 것에 대하여 설명하고, 대상자의 건강한 쪽을 침대 난간의 30~45° 정도 비스듬히 놓은 다음 반드시 잠금장치를 잠그고, 받침대는 다리가 걸리지 않도록 젖혀 놓고 대상자의 양발, 휠체어 앞쪽 바닥을 지지한 후 요양보호사의 무릎으로 대상자의 마비 측 무릎을 지지하고 대상자에게 건강한 쪽 손으로 고정된 휠체어 팔걸이를 잡게 한 후 요양보호사 쪽으로 허리를 굽히면서 양발을 축으로 하여 몸을 회전하여 "일어섭니다." 또는 "하나, 둘, 셋" 등의 말을 하며 휠체어에 앉히고, 대상자의 뒤에서 겨드랑이 밑으로 요양보호사의 손을 넣어 의자 깊숙이, 또는 상체와 골반을 좌우 교대로 기울여 엉덩이를 교대로 옮겨 앉힌다. 앉힌 후 발 받침대를 펴고 발을 받침대에 올려 놓으며, 대상자를 옮길 때 휠체어 위치가 잘못되면, 낙상할 수 있으니 주의한다.

휠체어에서 침대로 옮기기를 할 때에는 대상자에게 옮겨 앉는 방법에 대해 설명하고, 대상자의

제3장. 시설노인에 대한 서비스 기본원칙

건강한 쪽이 침대와 평행이 되도록 하거나, 30~45° 비스듬히 휠체어를 두고 잠금장치를 잠그고, 요양보호사는 휠체어 발 받침대를 올리고, 발을 바닥에 내려놓아 대상자 발이 바닥을 지지하게 한 후 요양보호사 무릎으로 대상자의 마비 측 무릎을 지지한 상태에서 대상자가 허리를 굽혀서 건강한 손으로 침대를 지지하게 한다. 이때 요양보호사는 대상자 겨드랑이 밑으로 손을 넣어 허리와 등을 지지하고 일으켜 앉히며, "일어서세요." 또는 "하나, 둘, 셋" 등의 말을 하며 일으켜 다리를 들어 올려 침대에 눕힌다.

바닥에서 휠체어로 옮기기를 할 때에는 대상자에게 바닥에서 휠체어로 옮겨 앉는 방법에 대해 설명하고, 대상자 가까이에 휠체어를 가져와 잠금장치를 반드시 잠그고 대상자에게 바닥에 무릎을 대고 앉아서 한 손으로 준비한 휠체어를 잡게 한 후 대상자 양쪽 무릎을 바닥에 지지한 상태로 무릎을 꿇고 엉덩이를 들어 허리를 편 다음 요양보호사는 대상자 뒤에서 한 손으로 허리를 잡아주고 다른 한 손은 어깨를 지지하여 대상자 건강한 쪽 무릎을 세워 천천히 일어나도록 도와주어 휠체어에 앉힌다.

휠체어에서 바닥으로 옮길 때에는 대상자에게 휠체어에서 바닥으로 옮겨 앉는 방법에 대해 설명하고 휠체어의 잠금장치를 잠그고 발 받침대를 올려 발을 바닥에 내려놓은 후 요양보호사는 대상자의 마비 측 옆에서 어깨와 몸통을 지지하고 대상자는 건강한 손으로 바닥을 짚고 건강한 다리에 힘을 주어 바닥에 내려앉는다. 이때 요양보호사는 대상자가 이동하는 동안 상체를 지지하여 준다.

두 사람이 대상자를 휠체어에서 침대로 옮기기를 할 때에는 대상자에게 휠체어에서 침대로 옮기는 방법에 대해 설명한 후, 휠체어는 침대에 평행하게 붙여 놓고 잠금장치를 잠그고 키가 크고 힘센 사람이 대상자 뒤쪽에 서고, 다른 한 사람은 대상자 다리 바깥쪽에 서서 대상자의 팔을 굽혀 마주 잡게 한 후 뒤쪽에 선 사람은 대상자의 양쪽 겨드랑이 아래로 팔을 넣어 대상자의 팔을 안쪽에서 바깥쪽으로 잡고, 다리 쪽에 선 사람은 한 손은 대상자의 종아리 아래, 다른 한 손은 넙다

리 밑에 넣고 하나, 둘, 셋 구령과 함께 들어 올린 후 안정된 자세를 취하게 한다.

두 사람이 대상자를 침대에서 침대로 옮기기를 할 때에는 대상자에게 침대에서 침대로 옮기는 방법에 대해 설명하고, 대상자의 두 팔을 가슴에 모아 주고 대상자의 두 다리를 모으고 무릎을 세운 후 한 사람은 한 팔로 대상자의 어깨를 잡고, 다른 팔로 허리 아래에 넣어 지지하고 다른 한 사람은 한 팔로 대상자 허리 아래를 지지하여 다른 팔로 두 무릎 밑을 지지한 후 두 사람이 하나, 둘, 셋 구령과 함께 호흡을 맞추어 들어 올린다.

휠체어에서 이동변기로 옮기기를 할 때에는 대상자에게 휠체어에서 이동변기로 이동하는 방법에 대해 설명하고 휠체어의 잠금장치를 잠근 후 이동변기를 대상자의 건강한 쪽에 오도록 하여, 휠체어와 약 30~45°로 비스듬히 놓고 휠체어의 발 받침대를 접고 대상자의 두 발을 바닥에 지지하게 하며, 요양보호사는 대상자의 앞에 서서 대상자의 무릎과 허리를 지지한 후 대상자의 건강한 손으로 변기의 먼 쪽 손잡이를 잡게 한다. 대상자의 상체를 펴면서 건강한 다리에 힘을 주어 엉덩이를 이동시켜 앉힌다.

휠체어에서 자동차로 옮기기를 할 때 신체의 움직임을 스스로 조절하기 어려운 대상자를 좁은 자동차 안에서 자리 이동시키는 것은 대단히 어렵다. 마비의 정도, 방향 등을 고려하여 안전하게 태우고 내리는 것이 중요하므로 대상자에게 휠체어에서 자동차로 이동하는 방법에 대해 설명하고 자동차 주차 시 휠체어가 충분히 다가갈 수 있도록 공간을 확보한 후 자동차의 뒷문을 열고 휠체어를 자동차와 평행하게 놓거나 약간 비스듬히 하여 놓고, 요양보호사는 본인이 안정된 자세를 취할 수 있도록 공간을 확보한 후 휠체어 잠금장치를 고정하고 발판을 접은 후 대상자의 양쪽 발이 바닥을 지지할 수 있도록 내려놓는다. 요양보호사 무릎으로 대상자의 마비 측 무릎을 잘 지지하고 대상자를 일으켜 대상자의 엉덩이부터 자동차 시트에 앉게 한다. 이때 대상자의 건강한 손으로 자동차 손잡이를 잡게 한 후 대상자 다리를 한쪽씩 올려놓은 후 대상자의 엉덩이 또는 상체를 좌우로 이동시켜 자동차 시트에 깊숙이 앉게 하고, 안전벨트를 채워주고, 휠체어를 접어 자동차 트렁

제3장. 시설노인에 대한 서비스 기본원칙

크에 싣는다. 이때 대상자와 동승하는 경우 앞 또는 뒤에 앉으면 순간적인 대응이 어려울 수 있으므로 반드시 대상자 옆자리에 앉아서 도와야 한다.

자동차에서 휠체어로 옮기기를 할 때에는 대상자에게 자동차에서 휠체어로 이동하는 방법에 대해 설명하고 휠체어를 안전하게 놓을 수 있도록 자동차를 주차하고 휠체어를 내려 편 후 대상자 쪽 문으로 다가가 자동차와 평행하거나 조금 비스듬하게 놓고 잠금장치를 잠근 후 자동차 문을 열고 자동차 안전벨트를 푼다. 한쪽 팔로 대상자의 어깨를 지지하면서 대상자 다리부터 밖으로 내리고 대상자의 양쪽 발이 충분히 바닥을 지지하게 하고 요양보호사 무릎으로 대상자의 마비 측 무릎을 지지하면서 일으켜 휠체어로 돌려 앉힌다.

15. 보행 돕기

보행은 인간의 가장 기본적인 신체 동작이며 좌우 하지의 상호 운동으로 직립 자세를 유지하며 걷는 것이다. 또한 전신운동으로서 평범하고 흔히 행해지는 일이지만 뼈·관절·근육의 운동기계, 신경계, 순환기계, 호흡기계가 밀접하게 관련하고 있는 매우 정교하고 치밀한 동작이다. 노화에 따른 기능 저하와 만성질환으로 장기간 누워있는 대상자는 혼자서 보행하기가 어려우므로 똑바로 선 자세를 유지하여 걷도록 돕는 것이 중요하다. 요양보호사는 대상자가 자세와 균형을 유지하도록 불편한 쪽을 지지해 준다. 또한 대상자가 의자나 손잡이를 잡고 똑바로 서 있는 자세를 취하고, 제자리 걸음과 같은 준비운동을 하거나 전후좌우로 이동할 수 있도록 보조한다.

1) 선자세에서 돕기

선 자세에서 균형을 잡을 때에는 의자나 손잡이 등을 한 손으로 잡고 약 3분간 서 있을 수 있도록 연습시킨다. 이때 요양보호사는 대상자의 불편한 쪽의 몸을 받쳐주고 서 있는 동작이 가능하면 전후좌우로 천천히 체중을 이동하거나 가볍게 제자리걸음을 해서 균형 잡는 연습을 시킨다. 이때 요양보호사는 대상자의 불편한 쪽의 몸을 받쳐준다.

2) 보행 벨트를 사용시 이동돕기

보행 벨트를 사용하는 대상자를 이동(침대에서 휠체어로, 휠체어에서 침대로)시킬 때 또는 보행시킬 때에는 보행 벨트의 안전 잠금을 위한 끈이나 패드의 상태, 벨트 손잡이의 바느질 상태를 확인하고 대상자의 허리 부분(벨트 부분)에 맞춰 벨트를 묶은 후 보행 전에 벨트나 끈이 풀리지 않았는지 확인하고, 요양보호사는 대상자의 불편한 쪽 뒤에 서서 벨트 손잡이를 잡고, 다른 한 손으로 반대편 벨트 손잡이를 잡는다.

3) 성인용 보행기 돕기

성인용 보행기란 걸을 수는 있지만 혼자서는 걷기 힘든 대상자들의 실내 및 실외의 보행을 보조해 주는 도구로 종류가 다양하므로 대상자에게 맞는 보행기를 선택해야 하며 보행기를 사용하기 전 보행기의 상태를 먼저 확인한 후 사용하여야 하며, 이를 위하여 보행기 종류를 확인한 후 보행기의 손잡이, 고무 받침이 닳지 않았는지를 살펴보고 접이식 보행기면 펼친 후 잠김 버튼이 완전히 채워졌는지 확인하고 미끄러지지 않는 양말과 신발을 신도록 도와주고 대상자 앞에 보행기를 두고, 바퀴를 잠그고 대상자가 일어서도록 한 후 대상자의 팔꿈치가 약 30°로 구부러지도록 대상자 둔부 높이로 조절한다.

보행기를 사용 방법으로는 보행기 앞에 바른 자세로 서서 보행기를 앞으로 한 걸음 정도 옮긴 후 보행기 쪽으로 한쪽 발을 옮기고 나머지 한쪽 발을 먼저 옮긴 발이 나간 지점까지 옮긴다. 요양보호사는 대상자의 뒤쪽에 서서 보행 벨트를 잡고 돌아와 침대에 눕는 것을 도우며 혼자 보행기를 사용할 수 있다면 대상자의 손이 닿는 곳에 보행기를 둔다.

4) 지팡이 보행돕기

지팡이는 보행 돕기를 위해 사용하는 짚는 막대기 종류이다. 신체의 근력 또는 균형감각 저하, 통증, 관절염 등으로 걷기 힘든 대상자들이 사용하며, 지팡이를 짚기 위한 길이 결정 방법은 지팡

제3장. 시설노인에 대한 서비스 기본원칙

이를 한 걸음 앞에 놓았을 때 팔꿈치가 약 30° 구부러지는 정도에 지팡이의 손잡이가 대상자의 둔부 높이에 위치하게 하고 평소 신는 신발을 신고 똑바로 섰을 때 손목 높이가 적당하다.

지팡이 보행 방법으로 지팡이 종류를 확인한 후 지팡이의 고무 받침이 닳지 않았는지, 손잡이가 안전한 지를 확인하고 미끄러지지 않는 양말과 신발을 신도록 돕는다. 낙상의 위험이 있는 물건을 치우고, 대상자의 건강한 쪽 손으로 지팡이를 잡고 서서 지팡이를 사용하는 쪽 발의 새끼발가락으로부터 앞 15cm, 옆 15cm 지점에 지팡이 끝을 놓고 마비 쪽 다리를 앞으로 옮겨 놓고, 건강한 쪽 다리를 옮겨 놓는다.

지팡이를 이용하여 보행 돕기 방법으로 옆에서 보조할 때에는 요양보호사는 지팡이를 쥐지 않은 옆쪽에 위치하여 겨드랑이에 손을 넣어 대상자가 넘어지지 않도록 잡고 대상자와 호흡을 맞춰 보행하며, 뒤에서 보조할 때에는 대상자의 뒤쪽에 위치하여 한 손은 대상자의 허리 부위를 지지하고 다른 한 손은 대상자의 어깨 부위를 지지하며 대상자와 호흡을 맞춰 보행을 한다. 지팡이를 이용하여 계단을 오를 때에는 지팡이 → 건강한 다리 → 마비된 다리 순서로 이동하고, 지팡이를 이용하여 계단을 내려갈 때 지팡이 → 마비된 다리 → 건강한 다리 순서로 이동한다.

16. 이송 돕기

빠른 응급처치와 이차 손상 및 상태 악화의 방지를 위하여 대상자를 안전하게 이송하는 것을 도울 때 기본원칙으로는 먼저 순환 평가, 기도 확보, 호흡 평가를 실시하고 들것이나 기타 응급장비를 사용하여, 이차 손상과 기존 상태 악화를 방지하기 위해 이송 순서와 계획을 수립하고, 대상자에게 설명하여, 가능하면 이송 시에 대상자가 협조하게 한다. 무리하게, 혼자서 대상자를 옮기려 하지 말고, 필요시 주변 사람에게 요청하여 도움을 받으며 대상자의 움직임을 최소로 하여 이송한다.

외상이 없거나, 밀고 당길 수 없는 대상자는 들어 올리기를 할 때에는 대상자의 체중이 요양보호사의 양쪽 발에 골고루 나누어 실리도록 등을 곧게 펴게 하고 무릎을 굽힌 후 요양보호사는 대상자 쪽으로 바짝 붙어서 손 전체를 이용하여 대상자를 잡은 다음 요양보호사의 한쪽 발을 다른 쪽 발보다 약간 앞쪽에 위치하게 하고 발에 단단히 힘을 준 다음 대상자를 들어 올린다.

외상이 의심될 경우 들어 올리기를 할 경우 척추고정판을 대상자 바로 옆에 놓고, 대상자의 몸을 요양보호사 쪽으로 돌려, 척추고정판을 대상자 밑에 넣고, 척추고정판 중앙에 대상자를 놓은 후, 무릎, 손목과 엉덩이, 위팔 순서로 고정한 뒤, 2인 이상이 힘을 합쳐 들어 올린다. 1인이 부축할 때에는 요양보호사는 대상자의 손상되지 않은 쪽에 서서 대상자의 손상되지 않은 쪽(건강한) 팔을 요양보호사의 어깨에 걸치게 하고 대상자의 손목을 잡고 이송한다.

17. 배설도움

우리 몸에서 배설이 제대로 되지 않으면 몸에 독소가 쌓여 신체 장기에 이상이 생기기 때문에 배설이 원활해야 한다. 대상자는 배설기능에 이상이 있을 수 있기 때문에 요양보호사는 대상자의 상태에 맞는 방법으로 배설을 도와야 한다. 노인이 배설을 스스로 해결하지 못하고 다른 사람의 도움을 받을 때는 수치스러움과 불안감, 절망감을 느낄 수 있음을 유념하여야 하며, 배설물을 치울 때 표정을 찡그리지 말고 대상자가 최대한 편안하게 배설하도록 배려해야 하고, 배설할 때는 배설하는 모습이 보이지 않게 가려 주어 프라이버시를 배려하며, 배설물은 오래 두지 말고 바로 깨끗이 치우고, 대변이나 소변이 묻어 피부가 헐 수 있으므로 피부상태도 살펴본다. 대상자가 변의를 느낄 때 요양보호사는 도움이 필요한 부분만을 도와주고, 대상자의 자존감 향상과 자립심을 키워주기 위하여 대상자가 할 수 있는 부분은 스스로 할 수 있게 하며, 요로계 감염을 예방하기 위하여 항문은 반드시 앞에서 뒤로 닦으며, 대상자의 요구를 최대한 반영하고 존중한다. 그리고, 요양보호사는 대상자가 배설 요구가 있는지, 스스로 배설할 수 있는지, 배설물의 상태는 어떤지 관찰해야 하며, 배설 시에 대상자를 관찰하는 것은 건강에 이상이 있는지 판단할 수 있는 좋은 기회이므로 배설 전·중·후를 빠짐없이 관찰한다. 배설 전에는 요의나 변의 유무, 하복부 팽만, 이전 배설과의 간격, 배설 억제를 하고 있지는 않는지, 배설 중에는 통증, 불편함, 불안 정도, 배변 어려움, 배뇨 어려움이 있지는 않는지, 배설 후에는 색깔, 혼탁 여부, 배설 시간, 잔뇨감, 잔변감, 배설량 등을 관찰한다.

18. 화장실 사용돕기

대상자가 화장실에 가다가 주저앉거나 넘어지면 낙상이 발생한다. 그러므로 요양보호사는 항상 대상자를 관찰하고, 손을 뻗으면 닿을 수 있는 위치에서 대기하고 있다가 필요하면 즉각 개입하여 낙상사고에 대비하여야 한다. 낙상사고를 예방하기 위해 처음부터 끝까지 대상자를 돕는 것은 대상자를 의존하게 만들며, 자존감을 저하시킬 수 있으므로 대상자가 스스로 할 수 있는 부분은 최대한 스스로 할 수 있게 하고 요양보호사는 보조가 필요한 부분만 도와주며, 대변이나 소변을 볼 때 대상자가 다치거나 넘어질 수 있으므로 안전한 환경을 조성해야 한다. 또한, 화장실까지 가는 길에 불필요한 물건이나 발에 걸려 넘어질 우려가 있는 물건을 치워 넘어지지 않게 하고, 화장실은 밝고 바닥에 물기가 없게 하여 미끄러지지 않게 해야 하며, 밤에는 어두워 화장실을 찾기 어려우므로 화장실 표시등을 켜두어 잘 찾을 수 있게 하고, 변기 옆에 손잡이를 설치하여 필요시 노인이 잡을 수 있게 한다. 그리고, 응급상황을 알릴 수 있는 응급벨을 설치하고, 휠체어를 사용하는 대상자가 휠체어를 타거나 휠체어에서 내릴 때, 휠체어에 앉아 있을 때 반드시 휠체어 잠금장치를 걸어 두어야 하며, 잠금장치를 하지 않으면 휠체어가 미끄러져 다칠 수 있다. 발이 걸리지 않도록 발 받침대는 접어 올리고, 휠체어 이동 중 바퀴나 팔걸이에 옷 등이 끼이거나 걸리지 않도록 주의한다.

화장실을 안전하게 다녀오도록 돕는 방법으로는 침상 가까이에 휠체어를 놓고, 편마비대상자의 경우, 건강한 쪽에 휠체어를 두고, 침대 난간에 빈틈없이 붙이거나, 30~45° 비스듬히 붙이고, 옮기는 동안 대상자가 다치지 않도록 잠금장치를 걸어 휠체어를 고정하고, 발 받침대는 올려 두고, 침대 한쪽의 난간을 내려놓은 후 마비가 없는 대상자는 침대 가장자리에 걸터앉히고, 마비가 있는 대상자는 대상자의 두 팔이 안전하도록 모아 주고 두 발도 모아 준다. 요양보호사의 한쪽 팔은 대상자의 어깨를 지지하고 다른 한쪽은 대상자의 모아진 두 발의 무릎 쪽을 감싸 침대 끝으로 두 다리를 이동한 후, 대상자의 허리와 엉덩이 사이에 두 손을 지지하여 침대 가장자리로 옮겨 앉히고, 대상자의 두 발이 바닥에 닿게 한 다음 대상자를 침대에 걸터앉힌 후 어지러워하는지 살핀다. 요양보호사는 대상자에게 건강한 손으로 휠체어의 팔걸이를 잡게 하고, 요양보호사는 무릎을 대상자의 다리 사이에 충분히 넣고 지지면을 확보한다. 양팔로 대상자의 겨드랑이 밑으로 등 뒤를 감싸 안아 반동을 이용하여 대상자를 세운 후 대상자의 몸을 회전시켜 휠체어에 앉힌다. 이때 요양보호사는 휠체어 뒤쪽에 서서 대상자의 겨드랑이 사이로 두 팔을 넣고 대상자의 포개진 두 팔을 양손으로 감싸 휠체어 깊숙이 앉힌 다음, 휠체어 발 받침대 위에 대상자의 발을 올려놓고, 편마비 대상자라면 건강한 쪽 손으로 불편한 쪽 손과 발을 움직여 스스로 자세를 잡도록 격려한다. 화장실로 이동한 후 휠체어의 잠금장치를 걸고 발 받침대를 접고, 양팔로 대상자의 겨드랑이 밑으로 등 뒤를 감싸 안아 일으켜 세운 후 대상자의 몸을 90° 회전시켜 변기 앞에 세우고 바지를 내린 후 변기에 앉힌다. 대상자는 요양보호사가 바로 옆에서 배설이 끝나기를 기다리는 것에 부담을 느끼고 수치심을 느낄 수 있으므로, 요양보호사는 대상자에게 의향을 물어 옆에 있을지 나가 있을지를 확인하고, 요양보호사가 밖에서 기다려주기를 원한다면 대상자 옆에 호출기를 두고 도움이 필요할 시 요청하도록 알린다. 배설을 마친 후(대상자 스스로 할 수 없는 경우에는 뒤처리를 해 준 뒤) 휠체어에 앉히고, 세면대에서 대상자가 손을 씻도록 돕는다. 휠체어에서 침상으로 안전하게 이동하도록 보조한다(침상에서 휠체어로 이동하는 것의 역순으로 시행). 단, 배설물이 이상한 경우 시설장이나 간호사에게 보고한다.

19. 침상 배설 돕기

침상 배설 돕기는 화장실까지 가지 못하거나 침대에서 내려올 수 없는 대상자가 침상에서 편안하게 배설할 수 있도록 돕는 방법이다. 대상자가 변의를 호소할 때 즉시 배설할 수 있도록 도와준다. 요양보호사에게 도움을 요청하기를 꺼리거나 스스로 몸을 움직이는 것이 어려워 요의나 변의를 참고 있을 수도 있으므로 배변 시간 간격을 가늠해 두며, 프라이버시 보호를 위해 배변 시 불필요한 노출을 방지하고 가려 주며 편안한 상태에서 배설하게 하며, 대상자가 스스로 배설할 수 있도록 돕고 배변, 배뇨 훈련에 적극적으로 참여하도록 격려하여 규칙적으로 식사하고 적절한 섬유질도 섭취하게 하며, 복부 마사지를 시행하여 장운동이 활발해질 수 있게 한다. 그러나, 대상자가 참지 못하고 실수하는 경우, 대상자가 부끄러워하거나 심리적으로 위축되지 않도록 주의해야 한다. 준비 물품으로는 일회용 장갑, 커튼이나 스크린, 간이변기, 방수포, 무릎덮개, 수건, 화장지, 물티슈, 손소독제, 손 씻을 물(혹은 물수건), 휴지통, 방향제등 이며 돕는 방법으로 요양보호사는 먼저 물과 비누로 손을 씻고, 대상자를 확인하고 절차를 설명한 뒤 커튼이나 스크린으로 가린 후, 손 소독제로 손을 깨끗이 한 후 일회용 장갑을 착용하며, 변기는 따뜻한 물로 데워서 침대 옆이나 의자 위에 놓고, 배설 시 소리가 나는 것에 부담을 느끼지 않도록 변기 밑에 화장지를 깔고 텔레비전을 켜거나 음악을 틀어 놓아 심리적으로 안정된 상태에서 용변을 보게 하며, 방수포를 깐다. 이때, 대상자가 협조할 수 있는 경우에는 대상자를 바로 눕힌 상태로 무릎을 세우고 발에 힘을 주게 한 후 둔부를 조금 들게 하고 요양보호사는 한 손으로 대상자의 허리를 지지한 후 둔부 밑에 방수포를 깐다. 그러나 대상자가 협조할 수 없는 경우에는 옆으로 돌려 눕힌 후 한쪽(비교적 건강한 쪽)에 방수포를 반 정도 말아서 깔고 다른 쪽으로 돌려 눕힌 후 말아진 방수포를 펼쳐서 깐다. 허리 아래 부분을 무릎 덮개로 늘어뜨려 덮은 후 바지를 내리고 변기를 대준다. 이때 대상자가 협조할 있는 경우에는 요양보호사가 허리 밑에 한 손을 넣어 대상자가 둔부를 들게 하고, 다른 손으로 변기를 밀어 넣은 후 항문이 변기 중앙에 오게 하고, 대상자가 협조할 수 없는 경우에는 옆으로 돌려 눕힌 후 둔부에 변기를 대고 변기 위로 대상자를 돌려 눕혀 반듯한 자세에서 항문이 변기 중앙에 오게 하고 침대를 올려 주어 대상자가 배에 힘을 주기 쉬운 자세를 취하게 한다. 변기를 대고 오래 있으면 피부가 손상될 수 있고 허리와 둔부 관절 부위에 무리가 올 수 있으므로 변의가 생길 때 다시 시도하고, 대상자가 원하는 경우 대상자 손 가까이에 화장지와 호출 벨을 두고 밖에서 기다린다. 밖에서 기다리면서 중간중간 대상자에게 말을 걸어 상태를 살피며, 배설이 끝난 것을 확인한 후 방에 들어가 무릎덮개를 걷어내고 침대머리를 낮춘다. 화장지로 회음부나 항문 부위를 닦는다. 배설물로 인해 피부가 짓무르지 않았는지 등 대상자의 피부 상태를 확인하며 닦고,

한 손으로 대상자의 허리를 들어 올리고 변기를 뺀다. 회음부와 둔부를 따뜻한 수건이나 물티슈로 앞에서 뒤로 잘 닦아 주고, 물기가 남아있으면 대상자의 피부가 짓무르거나 피부 손상을 일으킬 수 있으므로, 마른 수건으로 물기를 닦아 준다. 대상자가 허리를 들지 못하면 옆으로 뉘어서 방수포를 걷어낸다. 일회용 장갑을 벗고 대상자의 손도 배설물로 오염되었을 수 있기 때문에 씻게 하고, 옷과 이불을 정리하고 프라이버시 보호를 위해 사용한 커튼과 스크린을 제거하고, 물과 비누로 손을 씻고, 배설물에 특이사항이 있는 경우 시설장이나 간호사에게 보고한다. 배설물에 이상이 있는 것은 건강상의 이상 징후이므로 배설물을 버리지 말고 시설장이나 간호사에게 직접 보여주거나, 그 양상(색깔, 냄새, 특성 등)을 정확히 기록하여 보고해야 한다.

20. 이동변기 사용 돕기

이동변기는 서거나 앉는 것은 가능하나 화장실까지 걷기는 어려운 대상자의 배설을 도울 때 사용한다. 사용 돕기에 대하여 보자면, 이동돕기의 기본원칙으로 대상자가 변의를 호소할 때 즉시 배설할 수 있게 돕는다. 대상자가 변의를 말로 표현하지 못하더라도 대상자의 의도를 파악하여 배설할 수 있게 도와주며, 배설시 불필요한 노출을 줄여 프라이버시를 보호하도하고, 대상자가 스스로 배설할 수 있도록 배변, 배뇨 훈련에도 적극적으로 참여할 수 있도록 격려하며, 배설이 어려울 때는 미지근한 물을 항문이나 요도에 끼얹어 변의를 자극해 주고, 이동변기는 매번 깨끗이 씻어 배설물이 남아 있거나 냄새가 나지 않게 한다. 준비 물품은 이동변기, 손소독제, 일회용 장갑, 커튼이나 스크린, 미끄럼방지 매트, 화장지, 손 씻을 물(혹은 물수건), 무릎덮개, 휴지통이며, 돕는 방법으로 요양보호사는 먼저 물과 비누로 손을 씻고, 대상자를 확인하고 절차를 설명한 다음 이동변기에 대해 설명하여 거부감을 줄여주고, 대상자가 당황하지 않게 한다. 커튼이나 스크린 등으로 가려준 후, 손 소독제로 손을 깨끗이 한 후 일회용 장갑을 착용하고, 침대 높이와 이동변기의 높이가 같도록 맞추고 침대에서 이동변기로 이동할 때 넘어지거나 바닥으로 떨어지지 않게 주의하고, 안전을 위해 변기 밑에 미끄럼방지 매트를 깔아주어, 대상자가 변기에 앉을 때 흔들리지 않게 한다. 변기가 너무 차가우면 피부에 닿았을 때 놀라게 되므로 미리 따뜻한 물(또는 따뜻한 수건)

제3장. 시설노인에 대한 서비스 기본원칙

로 데워 두고, 침대의 한쪽 난간을 내리고 대상자가 변기 가까이 이동하게 한다. 대상자의 다리를 내려 두 발이 바닥에 닿게 한다. 편마비의 경우 이동변기는 건강한 쪽으로 침대 난간에 빈틈없이 붙이거나, 30~45° 비스듬히 붙이고, 변기에 손잡이가 없는 경우에 요양보호사는 이동변기로부터 먼 발을 대상자 발 사이에 넣고 대상자를 일으켜 대상자 무릎을 이동변기 쪽으로 밀며 대상자 몸을 회전시켜 변기 앞에 세우고, 화장지를 변기 안에 깔아주거나 음악을 틀어주어 배설 시 나는 소리가 잘 들리지 않게 한다. 배설 중에는 하반신을 수건이나 무릎덮개로 덮어주고, 요양보호사가 밖에서 기다려주기를 원하면 호출 벨을 대상자 손 가까이 두어 배설이 끝나면 즉시 알리게 한다. 밖에서 기다리면서 대상자가 안에서 문제없이 용변을 보는지 계속 신경을 써야 하며, 배설 후 뒤처리를 하게 한다(대상자 스스로 할 수 없는 경우에는 뒤 처리를 해준다). 대상자가 스스로 용변을 처리할 수 없는 경우, 돕는 방법은 침상 배설 돕기와 동일하다. 대상자가 이동변기에서 일어나 침상으로 안전하게 이동할 수 있도록 보조하고, 대상자 손에 남아있는 잔변물이나 세균이 신체 내 감염을 일으킬 수 있으므로 배설 후에는 물과 비누로 손을 씻게 이동변기 내에 있는 배설물을 즉시 처리하고 환기시키며, 일회용 장갑을 벗고 물과 비누로 손을 씻는다. 스스로 배설하는 대상자를 지켜보는 방법은 대상자가 불쾌해하지 않도록 배려하면서 배설 시 불편하지 않은지 살펴보고, 조급해하지 않고 느긋하게 편안히 배설할 수 있는 환경을 조성하고, 배설 도중 혈압이 오르거나 쓰러지는 경우도 있으므로 잘 관찰하여야 하며, 가능한 옆에서 대기하고 있다가 배설 중 대상자가 요구하는 것이 있으면 도와준다.

21. 기저귀 사용돕기

기저귀 사용은 대소변을 전혀 가리지 못하는 경우, 배설 욕구를 느끼지 못하는 경우, 치매 등으로 실금이 빈번해서 부득이한 경우에만 기저귀를 사용한다. 대상자가 몇 번 실금을 했다고 해서 기저귀를 바로 사용하는 것은 좋지 않으며, 대상자가 의식이 있는 경우 수치심을 느낄 수 있으므로 불쾌한 표정을 짓지 않으며, 마음이 상하거나 부끄럽지 않도록 신속하게 기저귀를 교환한다. 기저귀를 사용하면 피부손상과 욕창이 잘 생긴다. 배뇨, 배변시간에 맞추어 자주 살펴보고 젖었으면 속히 갈아주어 피부에 문제가 생기지 않게 하며, 대상자의 프라이버시 보호를 위해 불필요한 노출은 피한다. 장기적으로 기저귀를 사용하는 경우 피부가 붉어지는지, 상처가 생기는지, 통증을 호소하는지 등을 살펴보고 욕창예방 조치를 하며, 냄새가 불쾌감을 주므로 환기를 하고, 기저귀를 사용했던 대상자라고 해도 약간의 도움으로 대상자가 이동할 수 있으면 이동변기를, 허리를 들어 올릴 수 있다면 간이변기 사용을 시도해 본다. 가능하면 대상자가 화장실이나 변기에서 배설할 수 있도록 돕는다. 배설물로 시트나 의복이 오염되지 않게 주의해서 기저귀를 사용하며, 준비 물품은 기저귀, 손소독제, 일회용 장갑, 스크린이나 커튼, 물티슈, 면덮개, 마른 수건, 화장지, 따뜻한 물(혹은 물수건), 탈취제나 방향제, 휴지통 등이 있다. 돕는 방법으로 요양보호사는 먼저 물과 비누로 손을 씻고, 절차를 설명하고, 스크린이나 커튼을 친 후, 손 소독제로 손을 깨끗이 한 후 일회용 장갑을 착용하고, 면덮개를 이불 위에 덮은 후 이불은 다리 아래로 접어 내리고, 면 덮개의 밑에서 윗옷을 허리까지 올리고 바지를 내린다. 이때 허리를 들 수 있는 대상자는 무릎을 세우고 똑바로 누운 상태에서 허리를 들게 하여 대상자의 협조하에 기저귀를 교환할 수 있다. 하지만, 허리를 들 수 없거나 협조가 불가능한 대상자일 경우 대상자를 옆으로 돌려 눕혀 기저귀를 교환한다. 배설물이 보이지 않도록 기저귀를 만다. 즉, 기저귀의 바깥 면(깨끗한 부분)이 보이도록 말아 넣고, 더러워진 기저귀를 뺀다. 둔부 및 항문 부위, 회음부를 따뜻한 물티슈로 닦아낸다. 이때 회음부는 앞에서 뒤로 닦은 후 마른 수건으로 물기를 닦아 말린다. 둔부 주변부터 꼬리뼈 부분까지 피부의 발적, 상처 등을 세심하게 살펴보고 가볍게 두드려 마사지한 후 옆으로 누운 상태에서 새 기저귀와 커버를 둔부 밑에 댄다. 새 기저귀를 반을 말거나 조금 접어 둔부 밑으로 밀어 넣으면 기저귀를 대기가 쉬워진다. 새 기저귀로 둔부를 감싸고, 바로 눕히고 기저귀의 테이프를 붙이고, 기저귀가 뭉치지 않도록 잘 펴서 마무리한다. 그다음, 바지를 입히고 침상 주름을 펴서 정리하고, 면 덮개 위로 이불을 덮은 후, 면덮개를 빼고, 사용한 물품을 정리한 후, 일회용 장갑을 벗고 물과 비누로 손을 씻고, 창문을 열어 환기하고 필요시 탈취제나 방향제를 사용한다.

22. 계절에 따른 안전수칙

계절에 따른 안전 수칙은 폭염특보 발령 기간(보통 6~8월)인 여름철에 사망자가 증가하는데 이들 중 65세 이상 노인이 과반수이다. 무더위가 기승을 부릴 때는 기본적인 안전수칙 이행만으로도 폭염으로 인한 사망을 줄일 수 있다. 폭염에 따른 문제로 노인은 땀샘의 감소로 땀 배출량이 적어 체온조절이나 탈수감지 능력이 저하되며 만성질환을 가진 경우 무더위로 건강문제가 더 악화될 수 있다. 그러므로 가급적 야외활동이나 야외 작업을 자제한다. 특히 한낮에는 외출이나 논밭일, 비닐하우스 작업 등을 삼가고 부득이 외출할 때는 헐렁한 옷차림에 챙이 넓은 모자와 물을 휴대하고 현기증, 메스꺼움, 두통, 근육 경련 등이 있을 때는 시원한 장소에서 쉬고 시원한 물이나 음료를 천천히 마시며, 식사는 가볍게 하고 물은 평소보다 자주 마시고 선풍기는 환기가 잘되는 상태에서 사용하고 커튼 등으로 햇빛을 가린다.

겨울철에는 기온이 급강하할 때는 뇌졸중과 낙상으로 인한 골절을 예방해야 한다. 특히 뇌졸중은 우리나라 노인의 사망 원인 1위이고 겨울철에 뇌졸중 사망자 수가 증가하므로 더욱 주의가 필요하다. 그러므로 고혈압 등 뇌졸중의 선행 질환을 철저히 관리하고 실외 운동을 삼가고 실내 운동을 하는 것이 좋으며 새벽보다는 낮 시간에 운동하고 운동 시 준비운동과 마무리운동을 평소보다 충분히 한다. 술을 많이 마신 다음 날 아침에는 가급적 외출을 삼가고, 따뜻한 곳에 있다가 갑자기 찬 곳으로 나가지 말고 따뜻한 곳에서 찬 곳으로 나갈 때는 양말과 신발, 장갑, 방한복, 방한모자, 마스크, 목도리 등을 착용해 몸을 따뜻하게 한 후 나가야 한다. 또한 골절 예방 안전수칙으로는 눈이나 비가 오는 날에는 가급적 외출을 삼가고 손을 주머니에 넣고 걷지 않으며 움직임이 둔한 옷은 피하고, 가볍고 따뜻한 옷을 입으며 평소에 근력강화운동을 한다.

에듀컨텐츠 휴피아
CH Educontents Huepia

제4장 일상생활 지원 서비스

사람은 누구나 일상생활을 영위할 기본적인 권리와 욕구가 있다. 일상생활 지원의 목적은 질환 및 장애로 일상생활이 어려운 대상자에게 생활의 불편함을 최소화하고 가능한 한 대상자 스스로 일상생활을 할 수 있도록 지원하는 것이다. 요양보호사는 대상자가 잔존 능력을 최대한 활용하여 편안히 생활할 수 있도록 대상자의 질환 및 특성을 이해하고, 대상자의 욕구를 충분히 파악하여 지원하며 대상자의 생활방식과 가치관을 존중하고 요양보호사의 방식을 따르도록 강요해서는 안 된다. 대상자와 신뢰관계를 형성하고, 대상자의 안전을 최우선하여 배려하며, 대상자의 잔존 능력을 파악하여 스스로 할 수 있는 것은 최대한 스스로 하도록 격려하고 스스로 할 수 없는 것은 요양보호사가 지원하고, 서비스에 대해서는 요양보호사의 판단으로 결정하지 않으며 반드시 대상자에게 충분히 설명하고 동의를 얻는다. 인지능력이 없는 대상자에게는 요양보호사의 판단에 따라 수행할 수 있으나, 가급적 보호자에게 설명하고 동의를 얻고, 물품은 대상자의 동의를 얻어 사용하고, 함부로 옮기거나 버리지 않으며 서비스 제공에 대해 상세하게 기록하여야 하며, 모든 자원은 계획성 있게 필요한 만큼만 사용하고 환경오염을 최소화하기 위해 일회용품 사용을 가급적 자제한다.

1. 주거환경

청결한 주거환경 조성을 위하여 대상자의 생활공간은 각자의 생활습관에 맞추어져 있기 때문에 청소나 주변 정돈을 할 때에는 반드시 상의하고 동의를 구하여야 하며, 오염된 주거환경은 감염의 원인이 되므로 청결하게 유지하고, 가스레인지, 난방기구 등으로 인한 화재를 주의하며, 대상자가 자주 사용하는 물건을 옮길 때에는 사전에 충분히 설명하여 동의를 얻는다. 대상자의 물건을 함부로 처분하거나 옮기지 않으며 청소도구는 사용 후 청결하게 하여 본래의 자리에 두고, 대상자가 이동 시 넘어지지 않도록 전기코드 등 발끝에 걸리는 물건을 잘 치우고 화재가 나지 않도록 가스레인지 주변에는 인화성 물질을 놓지 않으며, 창틀이나 문턱 등 먼지가 쌓이기 쉬운 곳을 자주 청소하고, 삐걱거리는 문은 기름칠을 해서 잘 여닫히게 한다.

2. 실내청소

노인은 호흡기의 면역기능이 저하되어 있으므로 침실과 같이 실내 청소를 할 때는 진공청소기나 젖은 걸레로 먼지를 제거하고 쓰레기가 많은 경우 빗자루에 물을 묻혀 조심스럽게 쓸거나, 유리창 청소기의 고무로 밀어낸 후 걸레로 닦아내며 침상 시트나 침구는 특별한 경우를 제외하고는 아침에 정리하고, 낮에는 활동할 수 있는 환경을 만든다. 노인의 침상은 습기가 차고 눅눅해지기 쉬워 오염될 가능성이 크므로 특히 청결에 유의하고, 가족이나 대상자에게 동의를 구한 후 창문이나 문을 열어서 자주 환기를 시킨다.

3. 주방

주방은 개수대와 수납장, 배수구, 식기선반, 냉장고, 용기는 정리 후 깨끗이 닦아내고 잘 말린다.

4. 화장실

화장실은 습기가 많은 장소이므로 사용하지 않는 낮 시간은 충분히 환기를 시키고 바닥은 물때나 미생물이 발생하기 쉽고, 미끄러우므로 일주일에 한 번 이상 소독제와 솔을 이용하여 닦아주며, 양변기에 물때가 끼었을 때는 솔에 식초를 묻혀 변기 안쪽을 닦는다. 화장실 배수구는 뚜껑을 솔로 씻고 물때를 씻어낸 뒤 소독제를 희석한 물을 부어주고 화장실 바닥은 물기 없이 건조하게 유지하여 미생물의 번식을 예방한다.

5. 쓰레기 분리

쓰레기는 분리배출 후 정리하고, 쓰레기통은 비울 때마다 물로 씻어 잘 건조시키고, 냄새가 나

제4장. 일상생활 지원 서비스

는 경우에는 식초를 수세미에 살짝 묻혀서 닦아낸 후 물로 헹구며, 음식물 쓰레기는 발생한 당일에 치운다.

6. 물품 및 주변 정돈

물품 및 주변 정돈을 할때에는 물건의 위치를 옮기거나 주변을 정돈할 때는 반드시 대상자나 가족의 동의를 얻어야 하며 귀중품은 대상자나 가족의 책임하에 정리 정돈하고, 불필요한 물품을 버리거나 정리할 때도 대상자나 가족의 의사를 분명하게 파악하고, 계절과 기온의 변화에 따라 필요한 물건을 정리하여 이용하기 편하게 한다.

에듀컨텐츠 휴피아
CH Educontents Huepia

제5장 개인활동 지원 서비스

 신체적·정신적 장애로 일상생활이 어려운 대상자에게 외출동행, 병원동행, 산책, 은행 및 관공서 업무 대행, 물품구매 등의 개인활동지원 서비스를 제공하여 더 편리하게 살 수 있도록 지원하는 것을 일상업무대행이라 하며 외출동행을 할 때에는 먼저 대상자의 욕구를 확인하여 사전에 외출계획을 세운다. 외출 시 목적지에 대한 정보를 충분히 파악하여 필요한 사항 및 준비물 등을 사전에 점검하고, 대상자의 건강상태를 고려하여 계획을 조정하고, 외출 후에는 대상자의 만족 정도를 확인하고, 대상자의 건강상태 및 주변상황을 고려하며, 대상자 및 가족의 지나친 요구는 시설장 및 관리책임자에게 보고하여 조절하고, 개인물품이 분실되지 않도록 유의하며 대상자의 안전에 각별히 유의한다.

1. 동행 전

 동행 전 대상자의 외출목적을 파악하고 상황에 맞게 외출준비를 하고, 외출 장소를 정확하게 파악하고, 교통정보 및 교통수단 등을 숙지하며, 대상자의 신체상태 등을 고려하여 이동보조기구 및 장비를 점검하여, 외출에 필요한 준비물과 개인소지품을 확인한다. 또한, 병원진료 시 신분증 등을 준비하며, 항상 다니는 병원과 대상자의 건강상태, 복약상태를 보호자에게 확인한다. 필요시 기저귀, 여벌 옷, 약, 물 등을 준비한다.

2. 동행 중

 동행 중에는 외출 목적에 맞게 신속히 활동하고, 예기치 못한 외부 요인이 있는 경우는 대상자 및 가족과 상의하여 상황에 맞게 대처하고, 도보 시 보폭을 작게, 계단을 오를 때는 몇 걸음에 한 번씩 혹은 걸음마다 두 다리를 한 곳에 모아 쉬면서 천천히 이동하며, 차량을 이용할 때는 대상자의 몸을 요양보호사와 밀착시켜 안전하게 오르내리게 하고, 승차를 지원하되 무릎과 허리에 부담이 가지 않게 한다.

3. 동행 후

동행 후 외출에서 돌아오면 환기하고, 얼굴과 손발을 씻게 하며, 평상복으로 갈아입고 쉬게 하고, 외출 시 착용한 소지품 및 의복 등을 제자리에 보관하고, 외출동행이 의도한 대로 만족스러웠는지를 확인한다.

4. 일상업무 대행 전

일상업무 대행 전에는 대상자의 업무 대행 목적을 확인하여야 하며, 요양보호사가 해당 업무를 대행할 수 있는지 파악하여, 업무 대행 전 준비해야 할 정보나 자료, 경비를 점검한다. 업무 대행과 관련하여 대상자에게 충분한 정보를 제공하고, 필요한 사항에 대해 협조를 구한다.

5. 일상업무 대행 중

일상업무 대행 중 대상자의 업무 대행이 원활하게 이루어지고 있음을 수시로 확인시켜 신뢰감을 형성한다. 또한 대상자의 요구가 있을 경우에는 대상자와 업무 담당자를 연계하며 업무 대행 중 요양보호사는 자신의 사적인 업무는 병행하지 않는다(업무 대행-물품구매, 약타기, 은행, 관공서 가기 등을 대신해 주는 것이다). 대상자의 개인소지품을 분실하지 않게 유의하여 업무 대행에 관련된 자료를 정확하게 확인한다.

6. 일상업무 대행 후

일상업무 대행 후 대상자에게 진행과정 및 처리결과를 알기 쉽게 전달하고, 만족스러운지를 확인한다. 불만족하여 재요청할 때에는 충분히 상의하여 진행한다.

제5장. 개인활동 지원 서비스

7. 정보 제공 전

정보 제공을 해야 할 경우에는 제공 전 대상자가 어떤 정보에 대해 관심이 있는지 파악하고 해당 정보를 구하는 다양한 방법을 알아본 후 대상자의 개인특성을 고려하여 자료를 수집하고, 수집한 자료는 알기 쉽게 정리하여 전달한다.

8. 정보 제공 중

정보 제공 중에는 정보를 제공할 때는 대상자의 개인특성을 고려하여 전달하고, 충분히 인지할 수 있도록 시간적 여유를 가진다.

9. 정보 제공 후

정보 제공 후에는 관심이 있는 정보에 대해 대상자가 충분히 이해를 했는지 확인하고 추가로 알고 싶은 정보가 더 있는지 알아본다.

에듀컨텐츠·휴피아
CH Educontents Huepia

제6장 정서 지원 서비스

의사소통의 유형에는 언어적 의사소통과 비언어적 의사소통이 있다. 언어적 의사소통은 자신의 생각이나 감정을 말이나 글로 표현하는 것이며, 비언어적 의사소통은 몸짓, 표정, 행동, 자세, 옷차림 등으로 표현하는 것이다. 옷차림이나 외양이 요양보호사에 대한 인상을 결정짓고, 이 인상이 대상자 및 가족과의 관계에 영향을 미치므로, 요양보호사가 입는 옷과 머리 스타일 등도 중요한 비언어적 의사소통 수단 중의 하나이다. 메라비언의 법칙에 의하면 상대방과의 의사소통에 영향을 미치는 요소 중 가장 중요한 것은 비언어적 요소(시각적 요소)이며, 그다음은 음성(청각적 요소), 언어적 요소(말의 내용)이다.

1. 언어적 의사소통

언어는 사람의 생각이나 감정을 효과적으로 전달할 수 있는 가장 간편하고 만족스러운 의사소통의 방법이다. 개인의 내면적 상태와 의도를 전달하는 방법이기도 하다. 하지만 개인차로 인한 편차가 크다는 단점이 있어 똑같은 단어를 서로 다른 의미로 사용하기도 하고, 감정을 표현하는 방법도 다르며, 어휘의 사용 정도에도 차이가 있다.

1) 효과적인 의사소통 방법

노인은 청각, 시각 등 감각기능의 저하로 제한된 의사소통을 할 수밖에 없다. 이러한 점을 감안하여 대상자의 상태를 파악하고 그에 적합한 의사소통을 하는 것이 중요하다. 효과적인 의사소통을 하기 위해서는 라포 형성을 비롯하여 경청, 말하기, 공감, 침묵, 수용 등의 기본적인 기술이 필요하다.

라포(Rapport)란 '마음의 유대'라는 뜻으로 서로의 마음이 연결된 상태, 즉 두 사람 사이의 상호신뢰 관계를 나타내며, 의사소통의 기본이다. 라포가 형성되면 인간관계에서 호감과 상호신뢰가 생기고 비로소 유대감이 깊은 인간관계를 형성하게 된다. 반면 라포가 없으면 대화는 단지 소음에 지나지 않는다. 라포가 형성된 사람들의 관계에서는 '무슨 일이라도 털어놓고 말할 수 있다', '충분히 이해할 수 있다', '공감한다', '함께 있다'라는 느낌을 갖게 된다. 경청은 다른 사람의 말을 주의 깊게 들으며 공감하는 능력이다. 우리는 지금껏 말하기, 읽기, 쓰기에만 집중해 왔다. 우리의 감성을 지배하는 것은 '귀'다. 의사소통을 잘하기 위해서는 다른 사람의 말을 주의 깊게 들으며 공감할 수 있는 능력을 갖추는 것이 중요하다. 경청은 대화 과정에서 신뢰를 쌓을 수 있는 좋은 방법이며, 상대방이 말하려고 하는 의미를 잘 파악하고 상대방의 입장에서 이해하려는 노력이다. 경청을 잘한다는 것은 단순히 잘 듣는 것이 아니라 상대방이 말하려고 하는 의미를 잘 파악하고 이해하는 것이다. 경청하는 사람은 상대방의 말에 항상 동의하지 않더라도 충분히 이해하기 위해 항상 마음을 열어둔다. 좋은 경청은 상대방과 상호작용하고 말한 내용에 대해 생각하고, 무엇을 말할지 기대하는 것을 의미한다. 좋은 경청자가 되기 위해서는 상대방에게 집중할 수 있는 훈련이 필요하며 혼자서 대화를 독점하지 않고, 말하는 순서를 지켜야 하며, 상대방의 말을 가로채거나 이야기를 가로막지 않는다. 의견이 다르더라도 일단 수용하고, 논쟁에서는 먼저 상대방의 주장을 들어주며 시선을 맞추며, 귀로만 듣지 말고 오감을 동원해 적극적으로 듣고 흥분하지 않고, 비판적 태도를 버린다. 상대방이 말하는 의미를 이해하고 단어 이외의 보이는 표현에도 신경을 쓰며, 상대방이 말하는 동안 경청하고 있다는 것을 표현한다.

경청할 때 주의하여야 할 점은 대충 미루어 짐작하여, 충분히 듣지 않은 상태에서 조언하거나, 끊임없이 비교하거나, 미리 대답을 준비하지 않는다. 듣고 싶지 않은 말을 걸러내거나, 상대방의 말을 반박하고 논쟁하기 위해서 듣거나, 상대방의 말을 나 자신의 경험에 맞추거나, 마음에 들지 않을 경우 슬쩍 넘어가며 대화의 본질을 회피해서는 안된다.

2) 공감하기

공감이란 상대방이 하는 말을 상대방의 관점에서 이해하고, 감정을 함께 느끼며, 자신이 느낀 바를 전달하는 것을 의미한다. 즉 공감능력은 '나는 당신의 상황을 알고, 당신의 기분을 이해한다'

처럼 다른 사람의 상황이나 기분을 같이 느낄 수 있는 능력을 말한다. 어떤 문제에 대해 상대방이 받아들일 마음의 준비가 없는 상황에서 이야기하는 사람이 너무 빨리 충고를 하거나, 비판을 하게 되면 이에 대해 반감을 가진 상대방은 의사소통을 차단해 버린다. 바람직한 공감은 상대방의 말에 충분히 귀를 기울이고 그 말을 자신의 말로 요약해서 다시 반복해 주는 것이다. 이것은 상대의 말을 요약해서 다시 옮기는 것뿐이지만 문제의 상황에서 대화를 지속시키고 문제를 지닌 당사자가 스스로 해결책을 찾아나가도록 하는 데 아주 효과적이다.

3) 말하기

말하기란 자신의 느낌과 생각을 효과적으로 표현함으로써 상대방과 원활히 대화하는 것이다. 효과적인 말하기는 서로 존중하면서 자신의 진심이 상대방에게 전해지고, 상대방의 진심도 나에게 전달되어 서로 합의점을 찾아가는 것이며, 상대방을 조정하고 통제하는 것과는 다르다.

4) 효과적인 말하기 방법

효과적인 말하기 방법으로는 자신의 감정에 솔직하게 말하고, 상대방의 말을 수용하고 자신의 생각을 정리하여 의사전달을 분명하게 하며 비판적인 단어를 사용하지 않는다. 특정 상대를 지칭하거나 비판하지 않으며, 부정적인 비교는 하지 말고, 나쁜 내용을 회고하거나 상기시키지 않고, 상대방을 위협하는 말이나, 감정적으로 공격하지 말고, 편안하고 이완된 자세를 취한다.

다음 표현은 효과적인 말하기를 방해하는 경우이므로 의사소통시 주의한다. 자신이 모든 일에 전문가임을 주장하거나, 자신에게는 잘못이 없고 항상 옳다고 주장하며, 부족하고 자신감 없는 태도, 자신은 보호받아야 한다고 생각이나, 자신은 완벽한 사람이므로 비난을 받지 않아야 한다고 생각은 의사소통을 방해한다.

5) 나-전달법(I-Message 전달법)

나-전달법을 사용하여 상대방을 비난하지 않고 상대방의 행동이 나에게 미친 영향에 초점을 맞추어 이야기하는 표현법이다. 반면, 너-전달법은 상대방의 행동에 초점을 두고 행동에 대한 비난, 비평, 평가의 의미를 전하며, 상대방에게 잘못이 있다고 공격하는 표현이다. 즉 너-전달법은 문제의 원인을 상대방에게 둔다. 문제를 해결하기 위해서는 나-전달법이 바람직하며, 이때 주의점은 다음과 같다. 부정적 정서를 강조하지 않으며, 상대방에게 교훈을 주는 데 열중하여 말하는 사람의 본심을 전달할 기회를 놓치지 말아야 하고, 감정을 폭발적으로 드러내지 않으며, 상대를 평가하지 않는 태도가 필요하며, 나-전달법으로 말하고 나서 다시 수용적 태도(경청)를 취한다.

6) 침묵

침묵은 어떤 말보다 중요한 역할을 할 때가 있다. 긍정적이고 수용적인 침묵은 가치있는 치료적 도구로 작용하여 대상자로 하여금 말할 수 있는 용기를 주고, 요양보호사와 대상자 모두에게 생각을 정리할 시간을 준다. 그러나 대상자가 침묵을 어떻게 받아들이느냐에 따라 효과가 달라지므로 조심스럽게 사용해야 한다.

7) 수용

수용이란 상대방의 표현을 비판없이 있는 그대로 받아들이는 것으로 단순한 동의나 칭찬과는 다르다. 대상자를 있는 그대로의 한 인간으로 받아들여 그의 특성 모두를 인정하고 존중하는 태도이다. 요양보호사는 대상자의 강점과 약점, 긍정적인 감정과 부정적인 감정, 태도 등을 포함하여 있는 그대로 이해해야 한다. 이러한 수용으로 대상자는 긴장이 감소되고 안도감을 느끼며 자신감이 증진된다. 요양보호사는 대상자에게 충고하거나 답을 주려하지 말고 감정, 태도를 수용하면서 지지한다. 소외와 외로움을 느끼는 노인에게 좋은 말벗은 대상자에게 심리적, 정서적 안정감을 제공한다. '말벗하기'는 요양보호사와 대상자간의 의사소통의 출발점이며, 대상자가 요양보호사를 '말벗'으로 받아들일 때 원활한 의사소통이 이루어진다. 대상자와 말벗하는 방법으로, 대상자의 신체적, 심리적, 사회적 특성과 대상자의 개인적 특성, 질병, 생활력 등을 이해하고 존중한다. 또한, 대상자의 삶을 '옳고 그름'이나 '좋고 싫음'으로 판단하지 않고, '차이와 다양성'으로 수용하는 마

제6장. 정서 지원 서비스

음이 필요하며, 대상자와 과도한 의존관계를 형성하지 않도록 하며, 대상자를 아이처럼 대하거나 친밀하다는 이유로 반말이나 명령조의 언어를 사용해서는 안 된다. 대상자의 기분이나 감정에 주의를 기울이고 공감한다.

8) 의사소통 장애가 없는 대상자와 의사소통하는 방법

의사소통 장애가 없는 대상자와 의사소통을 할 때에는 대상자를 존중하는 태도와 관심을 가지고, 대상자의 말하는 속도에 맞추어 명확하고 이해하기 쉬운 언어를 사용하여, 너무 작거나 크게 말하지 않는다. 본인을 소개할 때는 이름, 소속, 역할 등을 전달하고 대상자는 이름으로 호칭하는 것이 원칙이나 대상자의 동의하에 어르신 등으로 부른다.

9) 대상자 가족과 의사소통 방법

가족과의 의사소통을 할 때에는 가족을 존중하는 태도를 가지며, 대상자에 대한 정보는 수시로 주고 받고, 가족과 의견이 상충될 때는 시설장에게 보고하며, 대상자의 부정적인 행동이나 그에 대한 느낌을 전달할 때는 직설적으로 하지 않는다.

10) 관련 전문직 및 시설장과 의사소통 방법.

관련 전문직 및 시설장과의 의사소통을 할 때에는 타 전문직 및 시설장의 업무를 이해하고 존중하는 태도를 갖으며, 대상자의 상황에 따라 관련 전문직, 시설장과 의사소통을 원활히 하고, 대상자의 이상 상태는 시설장 혹은 관리책임자에게 즉시 정확하게 보고한다.

2. 비언어적 의사소통

비언어적 의사소통에는 용모, 자세, 침묵, 말투, 얼굴 표정, 손짓, 눈짓, 몸짓, 목소리 크기, 씰룩거림, 으쓱거림, 웃음소리 크기, 눈물 등이 있으며 때로는 언어적 의사소통보다 더 중요하게 활용될 때가 있다. 모든 의사소통에는 비언어적 의사소통이 존재하며 감정적, 정서적 부분이 크게

작용한다. 눈맞춤은 중요한 의사소통 수단이다. 대상자를 정면으로 직시하면 대상자에게 관심을 갖고 경청하고 있으며, 대화에 적극적으로 임한다는 메시지를 전달할 수 있다. 얼굴 표정은 대화에 영향을 미치는 요소 중 가장 중요한 시각적 요소이며, 눈을 치켜뜨거나 미소를 짓는 등의 표정은 말로써 전달하고자 하는 의미를 더욱 분명하게 하는 효과적인 의사소통 수단이다. 자세로의 손과 팔의 움직임도 중요한 의사소통 수단이다. 손과 팔을 자연스럽게 놓고 있다가 상황에 따라 적절하게 움직이는 것이 좋다. 어조는 말하는 사람의 감정을 드러낸다. 크지 않고 온화한 목소리, 분명한 발음, 적절한 말 속도가 좋다.

1) 의사소통 장애가 있는 경우

대상자가 의사소통장애가 있는 경우는 먼저 각 장애별 특성을 숙지할 필요가 있다. 노인성 난청은 퇴행성 변화로 인하여 생기는 청각 기능의 저하이다. 잘 듣지 못하여 의사소통에 소극적이며 목소리 크기나 높이 조절이 잘 안 되어 큰 소리로 말을 하게 된다.

2) 시각장애

시각장애 대상자는 형태나 색상을 파악하기 어려워 청각이나 촉각, 후각 등에 의지하여 대상물을 인지한다. 상대의 존재나 위치, 표정, 문자 등을 알아보기 어려워 오해를 받기도 하고 자신의 의사를 충분히 전달하지 못한다.

3) 언어장애

언어장애는 외상이나 뇌병변 등으로 말하는 능력이나 듣고 이해하는 능력에 이상이 있는 상태로 알아듣기는 하나 말을 할 수 없는 경우와 말을 잊어버린 경우가 있다.

4) 판단력, 이해력장애

판단력, 이해력장애는 발생한 일의 성격을 제대로 이해하지 못하는 것으로 상대방이 말하는 의미를 이해하지 못하여 오해하는 경우가 있다.

5) 주의력결핍장애

주의력결핍장애는 주의가 산만하고 활동량이 많으며, 충동성과 학습장애를 보이는 정신적 증후군이다. 주의력결핍장애는 어린아이에게 발생하는 장애로 알고 있지만 성인에게도 나타난다. 실제로 우리나라 성인의 2~4% 정도가 주의력결핍장애로 추정되며 대인관계나 사회생활에 어려움을 겪기도 한다.

6) 지남력장애

지남력장애는 시간, 장소, 환경 등을 정확하게 파악하는 능력에 이상이 생긴 상태로 치매, 의식장애, 낮은 지능 등이 원인이다.

제7장 응급상황 대처

 응급처치는 응급상황에서 행해지는 기도의 확보, 심장박동의 회복, 기타 생명의 위험이나 증상 악화 방지를 위해 긴급히 수행된다. 응급처치가 의료행위를 대신하는 것은 아니며, 의료진의 진료를 받을 때까지 또는 전문의료인의 치료가 불필요한 상황인 경우에는 회복가능성이 확인될 때까지 돕는 것이다. 예를 들어 돌발 사고나 질병이 발생했을 때 병원에서 전문적인 치료를 받기 전까지 행해지는 즉각적이고 임시적인 처치로서 인명구조, 고통 경감, 상처나 질병의 악화 방지, 심리적 안정 도모를 목적으로 한다. 요양보호사는 전문적인 치료를 신속하게 받을 수 있도록 119에 연락하는 것부터 시작하여 적절한 응급처치를 수행할 수 있어야 한다. 이에 따라서 대상자의 삶과 죽음이 좌우되고, 회복기간이 단축되기도 한다.

1. 응급상황 시 돕는 방법

 응급상황 시 돕는 방법으로 먼저 대상자 상태를 파악하고, 119 등에 신속히 신고하여야 하며, 대상자에게 처치를 하고자 시간을 소비해서는 안되며, 대상자 주위에 여러 사람이 있을 때는 응급처치 교육을 가장 많이 받은 사람의 지시에 따라 응급처치를 하고, 본인과 주위 사람의 안전에 주의를 기울인다. 긴급을 요하는 대상자순으로 처치하고, 대상자를 가급적 옮기지 말고, 옮길 때는 119 등의 안내를 받아 적절한 운반법을 따른다. 요양보호사는 의약품을 사용할 수 없고, 외용약품 또는 대상자가 평소에 사용하는 상비약품의 경우에만 줄 수 있다. 전문의료인에게 인계할 때까지 절대 응급처치를 중단해서는 안 된다. 대상자에게 손상을 입힌 화학약품, 약물, 잘못 먹은 음식과 구토물도 병원으로 함께 가져가야 하며, 대상자의 증거물이나 소지품은 보존하고, 침착하고 신속하게 대처한다.

2. 질식

질식은 폐에 산소가 공급되지 않는 상황이며, 이로 인해 인체 조직의 손상이 발생할 수 있으므로 이물의 종류와 위치를 확인하고 갑작스러운 기침, 구역질, 호흡곤란, 청색증 등이 있는지 관찰한다. 이때 의식이 있는 경우는 가장 먼저 대상자에게 스스로 기침을 하게 한다. 대상자의 뒤에 서서 대상자의 배꼽과 명치 중간에 주먹 쥔 손의 엄지손가락이 배에 닿도록 놓는다. 다른 한쪽 손으로는 주먹 쥔 손을 감싼 다음 양손으로 복부의 윗부분 후상방으로 힘차게 밀어 올린다. 한 번으로 이물질이 빠지지 않으면 반복하여 시행한다(하임리히법). 하지만, 의식이 없는 경우에는 119에 신고하고 즉시 심폐소생술을 실시하면서 입안에 이물이 있는지 확인하고 제거한다.

3. 경련

경련은 뇌세포가 비정상적으로 자극되어 나타나는 의식장애 및 신체적 증상이다. 뇌전증, 중독, 저혈당, 알코올 금단증상, 뇌졸중, 열사병 등의 상황에서 나타날 수 있으므로 경련 시에는 몸이 뻣뻣해지고, 호흡곤란 및 의식변화가 있을 수 있으며, 침을 흘리거나 괄약근이 이완되어 대소변이 새어 나올 수도 있다. 발작이 없을 때의 뇌기능은 정상적이다.

4. 뇌전증

뇌전증은 경련과 의식장애를 일으키는 발작 증상이 되풀이되며 나타나는 질환으로, 유전적인 경우도 있으나 외상, 뇌종양이 원인이 되어 나타나기도 한다. 열사병은 고온 다습한 곳에서 몸의 열을 발산하지 못하여 체온이 높아지고, 어지러움과 피로를 느끼다가 갑자기 의식을 잃고 쓰러진다. 그러므로 대상자의 머리 아래에 부드러운 것을 대주고 위험한 물건을 치우고 몸에 꽉 끼는 옷의 단추나 넥타이를 풀고, 편하게 호흡하게 하며, 침이나 거품 혹은 구토 등으로 숨을 쉴 수 없을 경우에는 대상자의 얼굴을 옆으로 돌리거나 돌려 눕혀 기도를 유지하고, 이때 입에 손수건 등 이물질을 넣어서는 안 된다. 이물질은 혀나 입안에 상처를 내거나 호흡곤란을 일으킬 수 있기 때문이다. 경련은 1~2분 후면 끝나므로 대상자를 꽉 붙잡거나 억지로 발작을 멈추게 하려고 하지 말고 조용히 기다리고, 대상자를 주의 깊게 관찰하며, 경련성 질환이 없던 대상자가 경련을 일으키거나 5분 이상 발작이 지속되면, 즉시 119에 신고하고 시설장, 간호사 등에게 보고한다.

5. 화상

화상은 열(불이나 뜨거운 액체, 햇볕), 화학물질, 전기에 의해 발생하며, 어떤 경우이든 피부가 손상된다. 또한 부식성 물질을 삼켰을 때는 식도나 위도 손상될 수 있다. 뜨거운 연기로 인해 기도에 화상을 입기도 한다. 노인은 시력이 약하고 관절염 등으로 손을 잘 움직이지 못하여 화상을 많이 입는다. 대부분의 화상은 경미한 편이며, 뜨거운 물에 데는 정도이다. 가벼운 화상은 빨리 아물지만 중화상은 병원에 입원해야 하며 생명을 위협할 수도 있다. 화상의 정도는 조직 내의 손상 깊이, 손상 범위에 따라 결정된다. 얼굴이나 손, 발, 회음부와 같이 민감한 부위에 화상을 입으면 그 증상이 훨씬 심각하다. 화상은 입은 즉시 화상 부위의 통증이 없어질 때까지 15분 이상 찬물(5~12℃)에 담가 화상면의 확대와 염증을 억제하고 통증을 줄여준다. 흐르는 수돗물을 환부에 직접 대면 물의 압력으로 인해 화상 입은 피부가 손상을 입을 수 있으므로 찬물에 담그거나 화상 부위를 깨끗한 물수건으로 감싸 세균의 감염을 예방하며, 몸에 붙어 있는 옷은 옷 위로 찬물을 부어 식히며 벗기기 힘든 의복은 벗기지 말고 잘라내고 반지, 팔찌, 귀고리와 같은 장신구는 최대한 빨리 빼야 하며 시간이 지체될수록 부종이 심해져 빼기 힘들기 때문이다. 화상 부위에 간장, 기름, 된장, 핸드크림, 치약 등을 바르면 세균감염의 위험이 있고 열기를 내보내지 못하여 상처를 악화시키므로 절대 바르면 안되며, 감염의 위험이 있기 때문에 화상 부위를 만지거나 물집을 터뜨려도 안되며, 얼굴이나 입술에 화상을 입었을 때는 손상된 조직이 부어서 기도를 막아 호흡곤란이 오므로 즉시 병원 치료를 받아야 하고, 화상이 어느 정도 심한지 모르는 경우, 가스를 마신 경우에도 반드시 진료를 받아야 한다. 그러나 화상은 치료 이전 예방이 무엇보다 중요하다. 노인은 시력이 약하고 관절염으로 손을 잘 움직이지 못하여 물 주전자를 들어 올리는 것이나 뜨거운 물컵을 잡는 것이 어렵다. 그래서 노인 화상은 주로 뜨거운 물에 의해 발생하므로 안전하고, 노인의 독립성을 위축시키지 않는 범위에서 도와야 하며, 요양보호사는 플러그, 콘센트, 전선, 화재위험이 있는 물건들을 관찰하고 안전조치를 취하며, 의식이 명료하지 않은 대상자나 노인은 화상 위험성이 높으므로 세심한 부분까지 관찰하여야 하고, 노인은 화재 발생 시 주위의 도움 없이는 대피하기 어려우므로, 응급상황 시 적절한 행동과 절차를 계획하여 발생할 수 있는 사고에 미리 대비해야 한다.

6. 골절

골절은 뼈가 부러지거나 금이 간 상태로, 뼈가 부러지면 혈관, 신경과 뼈를 둘러싼 조직에도 영향을 미칠 수 있다. 따라서 골절 시에는 외형상 변형이 있는지, 손상 부위에 심한 통증이 있는지, 손상 부위를 움직일 수 있는지, 손상 부위가 부어 있거나 출혈이 있는지, 노출된 골편이 있거나 손상된 피부에서 뼈 조각이 보이는지 잘 관찰하며, 대상자를 안정시키고 절대로 스스로 움직이게 해서는 안 된다. 또한, 손상 부위의 반지, 팔찌 등 장신구는 붓기 전에 제거하고, 담요 등을 덮어 주어 대상자를 따뜻하게 하고, 상처 부위에 냉찜질을 하면 부풀어 오르거나 염증이 생기는 것을 줄여줄 수 있다. 개방된 상처가 있거나 출혈이 있는 경우 멸균거즈를 이용하여 상처를 덮어준 후 상처 부위를 지혈하고, 이때 튀어나온 뼈는 직접 압박하지 않으며, 필요시 손상부위에 부목을 댈 수도 있다. 시설장, 간호사에게 보고한 후 병원으로 이송한다.

7. 출혈

출혈은 혈액이 몸 밖으로 빠져나오는 현상으로 안전하게 지혈하는 것이 중요하며, 정상 성인은 몸 안에 4.8~5.7ℓ의 혈액이 있으며, 0.95ℓ 이상 출혈은 생명의 위험을 초래할 수 있다. 대상자의 혈액을 접촉하면 혈액매개 감염성질환에 감염될 위험이 있으므로 장갑을 낀 후 만져야 하고, 어쩔 수 없이 맨손을 사용했다면, 비누와 물로 깨끗이 씻어야 하고, 원인이나 상처의 종류에 상관없이 출혈 부위를 노출시키고, 멸균거즈를 이용하여 직접 압박한 후 출혈 부위는 심장보다 높게 위치하도록 한 후 압박붕대를 감는다. 이때 너무 꽉 조이지 않게 하여 혈액순환이 유지되게 한다.

제7장. 응급상황 대처

8. 약물 오남용

약물 오남용이나 중독은 고의나 실수로 위험한 영향을 미칠 수 있고, 노화로 인해 약물의 흡수, 분포, 대사 및 배설이 일반 성인과 다르게 나타나므로, 약물로 인한 영향은 예측하기 어렵고, 개인별 생체기능에 따라 심각한 약물 이상이 오기도 하므로 약물 오남용 및 중독을 일으킬 수 있는 약물 복용에 대해 특히 주의해야 한다. 약물 오남용 및 중독이 의심되는 대상자가 의식을 잃었을 때는 호흡과 맥박을 확인하고 구급차를 부르고 의료진이 도착할 때까지 응급처치를 계속하여야 하고 겉으로 드러난 증상이 없고 복용량이 적더라도 반드시 병원에 방문해야 한다. 대상자가 먹고 남은 물질과 용기는 병원에 가지고 가야 하며, 구토를 했을 경우에는 토사물을 모아 두었다가 의료진이 분석할 수 있게 하고, 대상자가 의식을 잃었거나 말을 안 하려고 하면 요양보호사가 의료진에게 설명한다. 의식이 없는 대상자에게는 마실 것을 주지 않으며, 복용한 약물의 설명서에 구토를 유도하라는 지시사항이 없을 경우엔 구토시키지 않는다.

9. 심폐소생술

심폐소생술은 심장마비가 발생했을 때 인공적으로 혈액을 순환시키고 호흡을 돕는 응급치료법으로 심폐소생술은 심장이 마비된 상태에서도 혈액을 순환시켜, 뇌의 손상을 지연시키고 심장이 마비 상태로부터 회복하는데 결정적인 도움을 준다. 폐와 혈관 내에는 심폐기능이 멈춘 후 약 6분 정도까지 생명을 유지할 수 있는 산소의 여분이 있으나 4~6분 이상 혈액순환이 되지 않는 경우 뇌 손상이 오게 됨으로 먼저 대상자의 반응을 확인해야 한다. 그러나, 대상자에게 접근하기 전에 현장이 안전한지 확인하고, 현장이 안전하지 않으면 안전한 환경으로 구조자와 대상자 모두 이동해야 한다. 하지만 위험한 환경이 아니라면 가능한 한 대상자를 이동하지 말고, 대상자의 양쪽 어깨를 가볍게 두드리면서 "괜찮으세요?"라고 질문하면서 반응을 확인한다. 이때 대상자가 반응을 하면 호흡과 맥박을 확인하고, 정상적인 호흡과 맥박이 있다면 회복자세를 취하게 하고 의료진이 도착할 때까지 호흡과 맥박을 확인한다. 일반인 구조자는 119에 신고한 후에는 전화를 스피커폰 상태로 둔 상태에서 응급의료상담원의 조언에 따라 행동해야 한다. 그러나 대상자가 반응을 하지 않고 의식이 없으면 구강 내의 혀를 지탱하는 근육이 이완되어 기도가 폐쇄될 수 있기 때문에 반응이 없는 대상자에게는 기도 유지가 필요하다. 구조자의 한 손을 대상자의 이마에 올려놓고 손바닥으로 대상자의 머리를 뒤로 젖히고, 다른 한 손으로 턱 아래 뼈 부분을 머리쪽으로 당겨 턱을 위로 들어 준다. 머리 기울임-턱 들어 올리기 시 주의할 점은 턱 아래의 연부조직을 눌러 기도가 폐쇄되지 않게 하고, 턱을 들어 올리기 위해 엄지손가락을 사용하지 않는다. 대상자의 입이 닫히지 않게 한다. 만약, 기도 유지를 배운 적이 없다면 심폐소생술 교육을 받은 경험이 없고 심폐소생술에 자신이 없는 일반인 구조자는 기도 유지-인공호흡을 생략하고 가슴압박만 하는 소생술을 권장한다. 가슴압박소생술(손으로만 하는 심폐소생술)은 인공호흡은 하지 않고 가슴압박만을 시행하는 심폐소생술로 보건의료인이 아닌 일반인이 실시할 수 있다. 목격자가 아무것도 하지 않는 것보다 가슴압박만이라도 시행하는 것이 심폐소생술 대상자의 생존율을 높일 수 있기 때문이며, 심폐소생술을 교육받지 않았거나 숙련되지 않은 일반인도 가슴압박만 시행하는 심폐소생술을 할 수 있다

제8장. 임종에 관한 요양보호 서비스

제8장 임종에 관한 요양보호 서비스

인간은 누구나 예기치 못한 상황에서 죽음을 맞이할 수도 있고, 적극적인 치료에도 불구하고 근원적인 회복가능성이 없고 증상이 악화되어 말기환자가 될 수 있다. 임종은 사망 또는 죽음, 생명의 정지 또는 생체기능의 영구적인 정지를 뜻한다. 임종기 대상자를 돌보기 위해서는 임종이 가까워짐에 따라 나타나는 일반적인 임종 증상들을 이해해야 한다.

1. 임종 징후

임종 징후에는 대부분 누워 있게 되며 음식 및 음료 섭취에 무관심해지고, 의식이 점차 흐려지고 혼수상태에 빠지게 되고 맥박이 약해지고 혈압이 떨어지며, 숨을 가쁘고 깊게 몰아쉬며 가래가 끓다가 점차 숨을 깊고 천천히 쉬게 된다. 손발이 차가워지고 식은땀을 흘리며, 점차 피부색이 파랗게 변하고, 대소변을 의식하지 못하고 실금하게 되며 항문이 열린다.

2. 임종 적응 단계기

임종 적응 단계가 시작되는데 임종 적응은 부정, 분노, 타협, 우울, 수용의 다섯 단계로 구성된다. 그러나 모든 사람이 반드시 이 단계를 순서대로 거치는 것은 아니다. 첫 번째 단계는 부정과 고립의 단계이다. "아니야. 나는 믿을 수 없어"라는 표현을 자주 하며, 대상자는 치명적으로 진행되는 자신의 병을 인식하면서도 이러한 사실에 충격적으로 반응하며 이를 사실로 받아들이려 하지 않고, 다시 회복될 수 있다고 믿고 싶어 한다. 두 번째 분노 단계에서 대상자는 자신의 감정을 반항과 분노로 표출한다. 이러한 분노는 자신 또는 사랑하는 사람, 혹은 의료진이나 하느님에게까지 간접적으로 표현된다. "나는 아니야. 왜 하필이면 나야" 혹은 "왜 지금이야" 등으로 말하고, 어디에서나 누구에게나 불만스러운 면을 찾으려고 한다. 목소리를 높여 불평을 하면

서 주위로부터 관심을 끌려고 한다.

　세 번째 단계에서 대상자는 타협을 시도한다. 자신이 아무리 죽음을 부정하고 부인해도 피할 수 없는 상황에 처해 있음을 알고, 제3의 길을 선택한다. 주위로부터 존경과 이해를 받고 있다고 느끼고, 주변 사람들이 자신을 위해 충분한 시간을 할애하고 있다는 사실을 깨닫게 되면 비이성적인 요구가 줄어든다. 자신에게 불가피한 사실을 어떻게든 미루기 위해 "그래, 내게 이런 일이 벌어졌어, 인정해, 그래도 우리 아이가 시집갈 때까지만 살게 해주세요." 등으로 말하며, 삶이 얼마간이라도 연장되기를 바란다. 네 번째 단계에는 자신이 더 이상 회복 가능성이 없다고 느끼면서 침울해진다. 대상자는 자신의 근심과 슬픔을 더 이상 말로 표현하지 않고 조용히 있거나 울기도 한다. 이때에는 대상자가 자신의 감정을 표현하도록 그냥 두어야 한다. 말보다는 손동작이나 접촉이 훨씬 더 필요하다. 대상자는 자기와 같이 느끼고 슬퍼하고 자기 곁에 있어 줄 사람을 필요로 한다. 다섯 번째 단계에서는 죽는다는 사실을 체념하고 받아들인다. 대상자에게는 머나먼 여정을 떠나기 전에 갖는 마지막 정리의 시간이 된다. 이 단계에서 대상자는 "나는 지쳤어"라고 표현할 수도 있다

3. 신체·정신적 변화 증상

　요양보호사는 임종과정 동안 나타나는 신체·정신적 변화 증상에 따라 대상자와 가족을 도와야 한다. 대상자는 호흡수와 깊이가 불규칙하고 무호흡과 깊고 빠른 호흡이 교대로 나타나는 호흡양상의 변화증상을 먼저 나타낸다. 이때 요양보호사와 보호자는 숨 쉬는 것을 돕기 위해 상체와 머리를 높여 주고 대상자의 손을 잡아주며, 부드럽게 이야기하여 대상자를 편하게 해준다. 연하게 가습기를 켜둔다. 대상자의 손, 발부터 시작해서 팔, 다리로 점차 싸늘해지면서 피부의 색깔도 하얗게 혹은 파랗게 변하게 되며, 혈액순환의 저하로 점차 몸의 중요 기관에도 같은 체온의 변화현상이 나타나므로 대상자에게 담요를 덮어서 따뜻하게 해주는 것은 좋으나, 보온을 위해서 전기기구는 사용하지 않는다.

　대상자는 점점 잠자는 시간이 길어지며, 의사소통이 어렵고 적절하게 반응하지 못하는 수면양

제8장. 임종에 관한 요양보호 서비스

상의 변화가 나타나는데 이때에 대상자 옆에서 손을 잡은 채 흔들거나 큰 소리로 말하지 말고 부드럽고 자연스럽게 이야기하는 것이 바람직하다. 또한, 대상자가 없는 것 같이 말하지 말고, 대상자가 반응하지 못한다 하더라도 정상인에게 말하는 것과 같이 이야기한다. 또한 대상자는 시간, 장소, 자기 주위에 있는 사람이 누구인가에 대해 혼돈을 일으키는 정신기능의 변화(혼돈)가 나타나는데 이때에는 대상자에게 말하기 전에 내가 누구냐고 묻기보다는 내가 누구라고 밝혀 주는 것이 좋다. 의사소통이 필요한 때는 "지금은 약 드실 시간입니다"와 같이 부드러우면서도 분명한 어조로 말하는 것이 대상자를 편안하게 한다. 그리고 대상자의 근육이 무력해져서 대소변을 조절하지 못하고 실금 또는 실변하게 되는데 이때에는 대상자와 침상을 청결하게 유지하며, 침상에는 홑이불 밑에 방수포를 깔고, 대상자에게는 기저귀를 채워준다. 배액기능의 변화로 대상자의 가슴에서 돌 구르는 것 같은 가래 끓는 소리가 들리는데, 이는 심각하거나 새로운 통증을 의미하는 소리가 아니고, 수분 섭취가 적어지고 정상적인 분비물을 기침으로 내보내는 능력이 저하되어 나타나는 정상적인 변화이므로, 대상자의 고개를 옆으로 부드럽게 돌려주어 배액이 잘 되도록 해주고, 젖은 헝겊으로 입안을 닦아준다. 분비물 배출을 위해 옆에 가습기를 켜둔다. 대상자는 정신기능의 변화로 불안정하기 때문에 같은 동작을 반복하게 된다. 이러한 증상은 뇌에 산소공급이 부족하고, 신진대사가 변화하여 생기는 것이므로 대상자의 이마를 가볍게 문질러 주거나 책을 읽어 주며, 혹은 진정시킬 수 있는 음악을 들려주면 차분해지기도 하므로 움직이지 못하게 억제하는 것은 좋지 않다.

그리고, 대상자는 음식이나 수분을 잘 섭취하지 않으려고 한다. 이러한 현상은 대상자의 몸이 소화보다는 다른 기능을 하는 데에 에너지를 소모하려고 하기 때문이므로, 억지로 먹이려고 하지 말아야 한다. 그 대신에 작은 얼음 조각이나 주스 얼린 것 등을 입에 넣어 주어서 입안을 상쾌하게 해준다. 글리세린에 적신 솜으로 입안을 닦아 주거나 이마에 찬 수건을 얹어 주는 것, 또는 작은 스프레이에 차가운 생수를 담아 조금씩 입안에 뿌려주는 것도 도움이 된다. 또한 수분 섭취가 적어지고 신장을 통해 이루어지는 수분의 순환도 감소되어 신장기능의 변화되므로 자연히 소변량이 줄어들게 된다. 이때에는 소변배출을 목적으로 소변줄 삽입 여부를 결정해야 하며, 필요시에는

의료팀과 연계한다.

4. 임종 대상자의 심리변화.

임종 대상자는 불안 및 두려움과 같은 심리변화와 통증, 자신의 몸이나 배설물로 인한 악취, 주변인에게 신체적, 정신적, 경제적인 부담을 주는 것에 대한 걱정으로 불안해한다. 또한 사랑하는 사람과 소유물 모두를 잃는 것과 죽음이라는 미지의 세계에 대해 두려움을 느끼게 되므로 임종 대상자와 함께 있으면서 대상자의 곁을 떠나지 않을 것임을 이야기하고, 손을 잡아주는 등의 접촉을 통해 불안과 두려움을 덜어주어 편안한 마음으로 임종을 맞도록 돕는다. 대상자는 누구나 죽는 순간까지 자신이 누군가에게 필요한 사람이길 원하고 주변인에게 짐이나 부담이 되고 싶어 하지 않으며, 정서적으로 고립되고 싶어 하지 않는다. 대상자에게 항상 관심을 갖고, 대상자가 만나고 싶어하는 사람을 만날 수 있도록 하여 정서적으로 고립되지 않도록 하고, 가족이나 주변인에게 도움을 받아야 하는 상황에서도 자신의 도움이 필요로 하는 사람을 돕고 싶어 하므로 대상자가 의사결정에 참여하고, 타인을 도울 수 있는 기회를 갖도록 하여 대상자의 자존감을 존중해 준다.

5. 임종대상자에 대한 요양보호

임종이 가까운 대상자에게 다음의 요양보호를 제공한다. 침상머리를 높이고 대상자의 머리를 옆으로 돌려 침 등의 분비물 배출을 용이하게 하여 질식을 예방하고, 대상자가 용변을 보는 즉시 따뜻한 물로 닦아주고 기저귀를 갈아주어 편안한 가운데 죽음을 맞을 수 있게 돕는다. 대상자가 혼수상태인 경우에도 청각은 마지막까지 남아 있으므로, 평상시와 같이 보고 듣는 것이 가능하다고 생각하면서 대상자에게 요양보호를 제공한다.

6. 임종 후 요양 서비스

임종 후에는 수의나 깨끗한 시트, 곡반, 비누와 물, 세면수건, 패드, 장갑 등을 준비하고 모든 사후 처리 과정은 존중하는 태도로 경건하게 수행한다. 손을 씻고 일회용 장갑을 끼고 대상자를

제8장. 임종에 관한 요양보호 서비스

확인하고, 대상자의 사생활을 보호해 준다. 사후 강직은 사망 2~4시간 후부터 시작되어 약 96시간 지속되므로 사후 강직이 시작되기 전에 바른 자세를 취하게 하고, 튜브나 장치가 부착된 경우 간호사 등 의료인에게 제거해 줄 것을 의뢰하고, 베개를 이용하여 어깨와 머리를 올려 혈액 정체로 인한 얼굴색의 변화를 방지하고 입이 벌어지는 것을 예방하기 위하여 대상자를 바로 눕히고, 대상자의 눈을 감기고, 눈이 감기지 않을 경우 솜이나 거즈를 적셔 양쪽 눈 위에 올려놓는다. 대상자의 의치는 그대로 둘지, 빼내어 의치용기에 보관할 것인지를 대상자의 가족에게 확인하고, 필요시 대상자 몸에 묻은 분비물 등은 닦아주며, 대상자의 몸에서 분비물이 나오므로 엉덩이 밑에 패드를 대어 주고, 깨끗한 시트로 덮어두되 대상자의 시트가 얼굴을 덮지 않도록 어깨까지 덮는다. 방이 깨끗하게 정리되어 있는지 확인하고 조명을 차분하게 조절하고, 가족들이 사적으로 대상자를 만날 수 있게 시간을 주며, 대상자의 소유물을 모아 두고 목록을 만든다.

7. 임종 대상자 가족에 대한 요양보호 방법

임종에 대한 가족 요양보호는 가족들이 대상자의 죽음을 받아들일 수 있도록 하는 것이다. 또한 대상자의 죽음이라는 사건을 통해 가족들이 서로 빈 곳을 채워주고, 상처를 치유해 주며, 쉬게 해 주는 활동을 포함하는 것으로 요양보호사는 신체적·심리적으로 지쳐 있는 가족을 적절히 도와야 한다. 임종 대상자의 가족이 경험하는 증상은 임종에 대한 자연스럽고 정상적인 슬픔의 반응이다. 임종 대상자의 가족은 목이 조이거나 가슴이 답답함을 느끼며, 속이 텅 빈 것처럼 느끼고 식욕을 잃고, 때때로 죄의식을 느끼고 다른 사람에게 분노를 느낀다. 안절부절못하고, 일에 몰두하지 못하고 건성으로 하게 되며, 아무런 이유 없이 이곳저곳을 배회하기도 하며, 일을 시작해 놓고는 끝내지 못하거나 아예 잊어버리기도 하고 사랑하는 사람이 바로 눈앞에 있는 것처럼 느끼기도 하고, 실내에서 걸어 다니는 것처럼 느끼며, 목소리가 들리고, 얼굴을 마주 대하고 있는 것처럼 느끼기도 하며, 어디엔가 있는 느낌이 든다. 불면증에 시달리며, 임종 대상자의 꿈을 자주 꾸고, 임종 대상자의 행동이나 버릇을 흉내내고, 임종 대상자의 과거 삶에 집착하고 임종 대상자와의 관계에서 우연히 일어났던 일이나 좀 더 해주지 못한 일에 대해 죄책감이나 분노를 느낀다. 임종 대상자가 유가족을 남겨두고 떠난 것에 대해 격분하기도 하며 우울한 감정에 사로잡히고, 사랑하는 사람을 잃고 난 후에 느끼는 감정에 대해서 말하지 않는 것이 주변에 있는 사람들을 편안하게 하는 길이라고 생각하고 임종 대상자에 관계된 일이나 죽음에 관한 경험을 자꾸 기억하고 되풀이해서 말하려 하며, 사소한 일에도 기분이 쉽게 변하고 예상하지 못한 시기에 울음을 터뜨린다.

임종 대상자 가족에 대한 요양보호 방법으로는 돕는 자로서 도움을 제공하며 가족과 함께 있으면서 도움을 주려고 노력하며, 필요한 경우 도움을 요청할 수 있음을 알리고, 임종 시 가족이 임종 대상자를 직접 돕게 하며 가족들과 관계를 형성하면서 함께 있게 한다. 안아 주거나 손을 잡는 등 적절한 신체 접촉을 통하여 가족들에게 혼자가 아니라는 느낌을 주고, 가족이 대상자에게 한 일에 대해 "참 잘 했네요", "좋습니다"라고 하면서 지지하고, 감정에 초점을 맞춘 경청 등 정서적 지지를 한다. "힘드시지요?", "수고 많으셨어요"와 같이 가족을 공감하고 위로해 주며, 가족이 자신의 감정을 표현할 수 있게 도우며, 가족이 자신의 감정을 숨기지 않고 슬픔을 표현하도록 돕고, 가족이 눈물을 흘리거나 힘들어할 때, 외면하지 않고 휴지를 주는 등 슬픔을 충분히 표현하도록 지지하고, 가족의 태도와 행동을 판단하지 말고 중립적 자세를 유지한다.

가족을 위한 사별 준비의 방법으로 사별 전 대상자가 마지막까지 좋은 기억을 간직할 수 있게 옆에 끝까지 함께 있어야 한다. 또한 혼자 있으면 불안해할 수 있기 때문에 가족이 교대로 대상자 곁에 함께하며, 대상자가 가족을 위해 헌신과 사랑을 주셨고, 최선을 다한 삶이었으며 가족 모두 자랑스럽고 감사하게 기억한다는 것을 알려드리고, 친지나 지인의 병문안을 받을 수 있고, 조용한 가운데 사랑을 표현한다. 그러나 지나친 방문은 대상자의 피로감을 증가시킬 수 있으므로 유의하여야 하며, 집 안의 행사가 있으면 간단한 이벤트와 대상자가 의사소통이 가능할 때, 영상편지나 가족사진을 촬영한다.

사별 후 애도하고 슬퍼하는 과정은 정상이며 마음을 치유하는 데 필연적이고 필수적인가? 처음에는 펑펑 울고 신경이 날카로울 수도 있고, 아무 생각하지 않고 오히려 차분해질 수도 있고, 몇 주가 지나 고인이 떠났다는 인식이 들면 고통스러워할 수도 있으며, 사별 직후 슬퍼하지 않는다고 해도 사람마다 애도나 비탄의 특성이 달라서 그렇다고 이해하고, 의료진이나 가까운 가족에게 화

제8장. 임종에 관한 요양보호 서비스

를 내고, 신을 원망할 수도 있다. 마음의 아픔을 아무런 판단 없이 들어줄 사람이 있다면 도움이 되므로, 친구나 가족, 상담가를 만날 수 있으며, 사람을 만나는 것이 힘들다면 일기나 글쓰기를 통해서 아픔을 표현하는 것도 도움이 된다. 이러한 감정은 자연스러운 것이므로 그대로 인정하고 표현하다 보면 시간이 갈수록 점차 감정이 잦아듦으로, 슬픔이 언제 끝날지, 어떻게 슬퍼할지는 사람마다 다르므로 온유하게 대해주고 스스로를 잘 돌보도록 도와주고, 가족, 친지, 친구들이 고인을 빨리 잊으라며 사진, 물건들을 치우라고 조언하기도 하지만, 이 모든 과정은 각자의 속도에 맞추어 진행한다. 천천히 원하는 때에 정리하거나, 간직하고 싶으면 그렇게 하는 것도 좋다. 슬픔을 인정하기 어렵고 분노, 죄책감을 견디기 힘들다면, 정신건강의학과 의사나 상담가의 도움을 받을 수 있다.

[부 록]

I. 영양팁

　적절한 영양은 노인의 건강 유지, 증진에 기본적인 요소이며, 질병을 예방하고 기존 질병의 진행속도를 늦춰 궁극적으로 노인의 삶의 질을 향상한다. 노인의 영양 문제로는 미각과 후각이 크게 저하되어 양념을 많이 사용하게 되고 음식을 짜게 만들기 때문에 나트륨을 너무 많이 섭취하여 고혈압, 심장병 등이 악화될 수 있다. 시력이 저하되어 유통기한을 읽기가 어려워 상한 음식을 먹을 수 있고 청력이 저하되어 사회활동에 문제가 생기고 고독감, 외로움으로 인해 음식섭취가 줄어들어 영양부족 문제가 나타날 수 있으며, 침의 분비가 줄어들고 음식물을 씹고 삼키는 능력이 저하된다. 포만감을 일찍 느끼고, 복부팽만감과 식욕부진이 생기고 위가 위축되고 소화액 분비가 감소되어 소화 및 흡수 기능이 떨어지고, 활동량 감소, 칼슘의 섭취 및 흡수 감소로 골다공증이 발생할 수 있다. 만성질환에 걸린 노인은 치료 식이로 식욕이 떨어져 영양부족이 나타날 수 있고 치아가 없거나 의치가 맞지 않으면 음식을 씹기가 어려워 음식 섭취에 어려움이 생겨 영양부족이 올 수 있으며, 수분량이 감소하고 갈증에 대한 반응이 저하되어 탈수가 발생할 수 있다. 치매로 인한 인지기능의 저하로 음식을 과도하게 섭취하거나, 반대로 식욕이 없어져 음식을 적게 섭취하는 영양상의 문제가 발생하고, 배우자나 친한 친구의 죽음, 은퇴, 고독, 우울 등 심리적인 이유로 식욕이 줄어들어 영양결핍이 초래될 수 있고, 독거노인이나 사회적으로 고립된 노인은 영양섭취가 불량할 수 있다.

　그러므로 노인의 영양 관리는 적절한 칼로리 섭취로 이상적인 체중을 유지하고, 균형 잡힌 영양소 섭취를 위해 하루 세끼 식사를 규칙적으로 해야 하며, 1일 단백질 필요량은 체중 1kg당 1g이며, 동물성 단백질은 체중 1kg당 0.5~0.6g만으로 충분하며, 1일 단백질 섭취량의 1/3~1/4은 동물성 단백질로 섭취하는 것이 좋고, 식물성 위주로 단백질을 섭취할 때는 여러 음식을 함께 섭취해야 부족한 아미노산을 보충할 수 있다. 칼슘은 우유로 보충하고, 칼슘의 흡수를 돕기 위해서 비타민 D를 섭취하고, 고혈압, 심장병 등을 예방하기 위해 염분 섭취를 줄이고 물, 섬유소가 풍부한

야채나 과일을 섭취하여 변비를 예방한다. 육류는 기름을 제거하고 섭취하여 동물성 지방 섭취를 줄이고, 콩이나 유제품을 매일 섭취하고 무기질, 비타민, 항산화물질 섭취를 위해 해조류, 버섯류, 채소, 과일류를 자주 먹어야 하며, 음식은 먹을 만큼만 준비하고, 만든 지 오래된 음식은 먹지 않으며, 금기가 아니라면 물을 충분히 마시고, 음식을 싱겁게 먹어야 한다.

1. 음식 조리법

노인 음식을 조리하는 법으로 식초, 겨자, 후추, 파, 마늘, 양파, 참깨 등을 사용하고 간장, 고추장, 된장 등은 평소의 2/3만 사용하며, 음식이 뜨거우면 짠맛을 제대로 느낄 수 없기 때문에 음식이 뜨거울 때 간을 맞추지 않는다. 국물을 만들 때 마른 새우, 멸치, 표고버섯 등을 사용하면 맛이 좋아져 된장, 고추장, 간장, 소금의 양을 줄일 수 있고, 배추김치, 간장, 된장, 라면, 고추장, 총각김치 등을 통해 소금을 많이 섭취할 수 있으니 주의한다.

2. 암 예방을 위한 섭취 방법

암 발생을 예방하는 식생활로는 다채로운 식단으로 균형 잡힌 식사를 하며, 균형 잡힌 식사를 위하여 매끼 여섯 가지 식품군을 골고루 섭취하고 매끼 곡류를 주식으로 2~3종류의 채소류(예: 생채, 나물, 샐러드)와 단백질이 풍부한 고기·생선·달걀·콩류를 1~2종류 섭취한다. 또한, 유제품류 및 과일류는 하루 1회 이상 간식으로 섭취하고 채소와 과일도 충분히 섭취하면 항산화비타민, 무기질, 섬유소 등으로 각종 암(대장암, 위암, 직장암) 발생 위험을 낮출 수 있으므로 채소와 과일을 충분히 섭취하여야 한다. 그리고 소금은 위암의 원인이 되므로 소금 섭취를 줄여야 한다. 특히 고농도의 소금은 위 점막의 세포를 자극하여 음식 속의 발암물질이 잘 흡수되게 하는 간접적인 발암물질이며, 우리나라 사람들은 짠 음식을 좋아하지 않는 사람들에 비해 위암 발생률이 높으므로, 절인 음식, 김치, 젓갈, 찌개류는 피하는 것이 좋으며, 탄 음식 또한 피하여야 한다. 쇠고기, 돼지고기 등과 같은 육류를 그릴이나 숯불에 구워 먹을 경우 고기가 탈 가능성이 높아 암 발생 위험이 높아지고, 붉은 고기와 육가공품은 대장암 및 직장암을 유발할 수 있으며, 햄, 소시지 등 육가공품에 사용되는 아질산염은 접촉하는 부위에 직접적인 식도암, 위암, 간암, 폐암을 유발할 수 있으므로 육가공품을 통한 아질산염의 섭취도 줄여야 한다.

3. 수분 섭취방법

수분 섭취는 물은 마시는 양보다 마시는 방법이 중요하므로 물 마시는 방법을 달리해야 한다. 마시는 양은 자신의 체중 x 30~33(mL) 마시는 것이 적당하고, 물을 마실 때에는 한 번에 500mL 이상 마시지 말고, 한 시간에 한 잔(200mL) 정도로, 한두 모금씩 천천히 마신다. 물 이외 음료수나, 주스로 수분 보충을 할 수 있으면 녹차·커피·맥주는 탈수를 유발하므로 가급적 삼가한다. 세계보건기구(WHO)가 제시한 물 섭취 하루 권장량은 200㎖ 8잔 정도인 1.5~2ℓ이다.

수분 섭취를 제한해야 하는 질병으로는 간경화(간 기능이 떨어지면 수분이 각 장기에 고루 배분되지 못하고 혈액에 남아 혈액 속 수분 함량이 높아진다), 심부전(심장에 들어온 혈액이 많으면 심장에 부담이 되므로 물을 하루 1L 이내로 마셔야 한다), 신부전증(신장에 부담이 될 수 있으므로 갈증이 날 때만 의사가 권고한 양의 물을 마셔야 한다), 부신기능저하증(수분과 염분의 원활한 배출이 어려워 수분을 많이 섭취하면 전신부종이 생길 수 있다), 심한 갑상선기능저하증(물을 많이 마시면 수분 배출이 잘 안 된다).

수분을 충분히 마셔야 하는 질병으로는 염증성 비뇨기 질환(요로감염, 방광염, 전립선염 등이 있으면 수분을 많이 섭취해서 염증 유발 물질을 소변으로 배출해야 한다. 노폐물이 배출되지 못하고 농축되면 요로결석으로 변할 수 있다), 폐렴·기관지염(호흡기질환에 걸리면 열이 오르고 호흡이 가빠져서 피부와 호흡기를 통한 수분 배출이 늘어나므로 물을 충분히 마셔야 한다), 고혈압·협심증(혈액 속 수분이 부족하면 혈액 점도가 높아져서 혈액 흐름이 지장을 받는다. 이때 혈전이나 지방이 혈관 벽에 들러붙을 수 있으므로 하루에 최소 2L의 물을 마신다), 당뇨병(신부전증 합병증이 없는 당뇨병 대상자는 물을 자주 마셔서 혈당이 올라가는 것을 막아야 한다)이 있다.

4. 노인의 영양관리의 중요성

나이가 들면 신체구성 성분이 변화하고 각 기관의 기능이 저하되면서 영양상태 및 영양요구량이 달라진다. 신체변화 중 미각 및 후각 등 감각저하, 타액 및 위액, 소화효소 등 분비 감소, 소화관의 연동운동 감소, 식욕과 갈증 반응 둔화, 치아 손실 등 영양섭취와 관련된 기능 저하는 영양섭취의 균형을 잃게 하고, 이는 건강상태에 영향을 미치게 되고 질병발생률을 높이는 원인이 될 수 있다. 더욱이 노인은 만성질환을 가지고 있는 경우가 대부분이므로 건강유지를 위하여 영양상태 개선은 매우 중요하며 적정 영양소 섭취를 통한 영양관리가 필요하다. 그러므로, 영양관리 시 고려해야 할 노인의 특성으로 노인을 위한 적정 영양관리를 위해서는 노인 건강에 영향을 미치는 특성에 대해 이해할 필요가 있다. 나이가 들면 기초대사량이 감소하고 활동량도 줄면서 에너지 요구량이 줄어들게 된다. 따라서 에너지 과잉 섭취를 피하고 건강체중을 유지하도록 적정한 식사량을 제공한다. 건강한 성인은 체질량지수(BMI)를 25 이하로 조절하도록 권장한다. 하지만 노인은 척추 추간판 협착으로 인해 신장이 위축되고, 휜 허리와 무릎 등으로 정확한 신장을 측정할 수 없어 성인의 기준을 엄격히 적용하기 보다는 약한 비만까지는 사망률을 높이지 않는다는 연구결과가 많으므로, 노인에게는 비만 예방이나 관리보다 영양불량을 더욱 신경 써서 식사를 제공해야 한다. 건강한 성인은 체질량지수와 허리둘레를 함께 고려하여 비만도를 판정한다. 노인의 경우, 아직 명확한 판정기준이 없지만, 체질량지수가 24 이하인 경우에는 영양불량, 27 이상이면 비만으로 인한 고혈압, 당뇨병 등의 위험이 있어 주의하여야 하며, 소화액 분비 감소로 소화능력이 감소하므로 식사를 조금씩 자주 섭취하는 것이 좋다. 장기간 식사량이 부족하면 영양불량이 되기 쉬우므로 소화가 잘 되는 식품이나 조리법을 선택하고 식욕이 저하되지 않도록 다양한 향미, 색, 모양 등의 식재료를 제공하고, 치아 손실로 음식을 잘 씹지 못하는 경우 식재료를 부드럽게 조리하고 크기를 작게 하여 섭취를 돕고, 부드러우면서도 바삭하거나 아삭한 질감을 활용하고, 미각, 후각 등의 기능 저하로 짜게 먹을 수가 있으므로 싱겁게 조리하고 대신 다양한 향신료를 사용하여 입맛을 잃지 않게 한다. 침 분비 감소로 구강 건조증이 생길 수 있으므로 재료가 촉촉하도록 약간의 국물이 있는 조리법을 선택하여야 하며, 장 운동성 감소로 변비가 생기기 쉬우므로 식이섬유가 풍부한 잡곡이나 채소를 적정량 섭취하게 한다. 또한, 노화에 따른 영양소별 고려사항을 참고하여 영양요구량에 과잉되거나 부족함이 없도록 한다. 에너지 요구량이 감소하므로 열량은 과잉으로 섭취되지 않도록 하며, 단백질 필요량은 크게 변하지 않고 에너지 요구량 감소로 인한 열량 대비 단백질 섭취는 체중당 권장량이 성인보다 다소 높아지므로 소화가 잘되는 양질의 단백질 식품을 선택하며(예: 두부, 생선, 지방을 제거한 육류, 우유 등), 당질 대사능력이 저하되어 당뇨병 발생이 우려되므로 설탕이나 과당과 같은 단순당이 많은 음식은 피하고 식이섬유나 전분이 풍부한 채소와 잡곡밥 등의 복합당질을 이용한다. 지방의 소화기능이 저하되므로 섭취량을 제한하되, 필수지방산이 부족하지 않게 하고, 지용성비타민 흡수를 돕기 위한 적당량의 지질을 섭취하게 한다. 그러나 동물성 포화지방산이나 콜레스테롤 함량이 많은 식품은 제한한다. 혈액 중 정상적인 지질성분 유지를 위하여 콜레스테롤이 적은 식품, 식이섬유, 식물성기름, 적당한 운동이 도움이 된다. 다양한 색의 식품(컬러푸드)은 맛과 향이 풍부하며, 인체에도 유익하기 때문에 가능한 골고루 먹는 것이 좋으며, 수분을 충분히 마시도록 하여 갈증감각 둔화와 체수분량의 감소로 인한 탈수를 방지해야 한다.

5. 식사관리의 중요성

나이가 더해지면서 신체기능에 여러 가지 변화가 생기고 이와 함께 영양요구량도 변하게 되므로 노화에 따른 신체변화와 건강문제를 이해하고 이에 따른 적절한 식사관리를 해야만 영양의 과잉이나 부족을 방지할 수 있으므로 노인의 질병과 사망원인의 다수가 식생활과 관련이 있으므로 적절한 식사관리가 매우 중요하다. 또한 나이가 들면 체지방은 증가하고 근육량은 감소하여 기초대사량이 낮아져 지방이 과잉 축적 될 수 있고 골격 내 무기질 함량은 감소하여 골다공증 위험은 증가한다. 그리고 치아 손실이나 불량은 씹기 장애를 초래하여 영양불량이나 편식의 원인이 되고 침의 분비가 감소하여 음식을 씹고 삼키는 능력이 떨어지고 연하기능이 저하되어 삼킴장애로 인한 영양불량을 일으킬 수 있고, 대장의 운동성 감소는 변비를 유발하며, 혀의 미뢰 수가 30~50% 감소하고 맛을 잘 느끼지 못하여 나트륨 과잉 섭취 위험이 증가하며, 미각의 변화는 식욕을 감퇴시키기도 하여 식사량이 줄어들어 영양불량이 될 수 있다. 이로 인하여 대다수의 노인은 여러 가지 신체 변화 및 기능변화로 인하여 영양소섭취 불균형을 초래하는 식생활의 문제를 가지고 있다. 우리나라 노인에게 가장 부족하기 쉬운 영양소는 칼슘, 리보플라빈이며 비타민 A, C, 티아민 등 섭취가 부족하다. 반면 나트륨은 과잉으로 섭취하므로 식단관리에 있어서 이들 영양소들에 대해 주의가 필요하다.

노인을 위한 식사관리의 기본원칙 중 가장 중요한 것은 규칙적인 세 끼 식사이다. 식욕저하나 소화능력 약화로 한 번에 충분한 식사량을 섭취하지 못하는 경우에는 식사 사이에 간식을 제공하여 보충하여야 하며 식품구매 시에는 영양가가 높고 조리하기 쉬운 식품을 선택하고 가급적 신선한 제철 식재료를 이용한 식사가 되게 한다. 가공식품은 가능한 한 제외하고 짜게 섭취하기 쉬우므로 싱겁게 조리하고 수시로 물을 충분히 마실 수 있게 한다. 술은 열량이 높고 다른 필수영양소는 없으므로 절제하게 하며 기본적인 식사관리를 바탕으로 개인마다 활동상황, 건강상태에 따라 영양요구량에 차이가 있으므로 연령도 중요하지만 개인에게 맞게 영양을 섭취할 수 있게 하고 기호도와 식습관 등이 개인차가 있으므로 다양한 측면에서 문제점을 파악하여야 하며 짠맛과 단맛에 둔감하므로 짜거나 단 음식을 많이 드시지 않도록 주의하고, 기름진 음식보다 담백한 음식을 제공하고, 지나치게 맵거나 자극적이지 않도록 순한 맛으로 부드럽게 조리하여 제공한다. 노인의 식습관은 쉽게 변화시킬 수 없으므로 새로운 맛이나 식단을 시도할 때 거부감을 가지지 않게 하고 우리 전통음식의 양념과 조리법을 활용하는 것도 도움이 된다.

6. 노인을 위한 식생활지침

노인을 위한 식생활지침은 질병예방과 건강증진을 위해 실천할 수 있는 올바른 식생활 실천 방안을 제시한 것으로 보건복지부에서는 '어르신을 위한 식생활지침'을 발표하여 노인의 건강증진을 위해 연구 및 교육에 활용하고 있으며, 이 내용을 보면 각 식품군을 매일 골고루(고기, 생선, 달걀, 콩 중 하나 이상, 다양한 채소 반찬은 매끼, 다양한 우유 제품이나 두유는 매일, 신선한 제철 과일을 매일) 먹고, 짠 음식을 피하고 싱겁게(음식을 싱겁게, 국과 찌개의 국물을 적게, 식사할 때

소금이나 간장을 더 넣지 않고) 먹고, 식사는 규칙적이고 안전하게(세끼 식사를 꼭 하며, 외식할 때는 영양과 위생을 고려하여 선택하고, 오래된 음식은 먹지 않고, 신선하고 청결한 음식을 먹고, 식사로 건강을 지키고 식이보충제가 필요한 경우는 신중히 선택)하며, 물은 많이 마시고 술은 적게 마시고(목이 마르지 않더라도 물을 자주 충분히, 술은 하루 1잔을 넘기지 않고, 술을 마실 때에는 반드시 다른 음식과 같이 먹고), 활동량을 늘리고 건강한 체중을 갖도록 노력한다(앉아 있는 시간을 줄이고 가능한 한 많이 움직이고, 나를 위한 건강 체중을 알고, 이를 유지하고, 매일 최소 30분 이상 유산소 운동하며, 일주일에 최소 2회, 20분 이상 근력 운동).

7. 노인기의 주요 질환

노인기의 주요 질환은 당뇨병, 고혈압, 동맥경화증, 골다공증, 치매, 만성기아, 소화장애, 만성변비 등이 있다. 특히, 노인에게 가장 흔한 질병 중 당뇨병, 고혈압은 식생활과 높은 연관성이 있으며 노인의 씹기 장애와 삼킴 장애는 충분한 섭취를 방해하는 원인이 될 수 있으므로 식사관리 시 이러한 문제들을 고려해야 한다.

7-1. 당뇨병

당뇨병 대상자는 혈당관리가 제대로 이루어지지 않으면 신장, 눈, 심장 등 전신에 만성적인 합병증을 일으킬 수 있으므로 개인에 따라 약물관리 및 운동관리와 함께 올바른 식사관리가 이루어져야 한다. 식사관리는 정상혈당 유지, 적정체중 유지, 합병증 예방 및 지연을 목표로 하여 모든 영양소를 골고루 섭취하며 과식하지 않고, 적정체중을 유지하여 당뇨병으로 인한 합병증을 예방, 지연해야 하며, 단순당질 섭취를 피하고, 복합당질의 식품을 선택하고, 지방 섭취를 줄이고, 비타민과 무기질을 충분히 섭취하고, 술을 제한하며, 일정한 시간에 식사를 규칙적으로 한다.

7-2. 고혈압

고혈압 대상자는 동맥경화를 비롯한 심혈관계 질환과 뇌졸중의 주요 원인이 되므로 고혈압의 경우 혈압을 낮출 수 있는 식습관 및 생활습관 개선이 매우 중요하다. 그러므로 혈압을 조절하기 위하여 소금 섭취를 제한하고 국이나 찌개 양을 적게 하고 국물은 되도록 적게 섭취하며, 소금 대신 저염간장, 식초, 겨자, 레몬, 후추 등을 사용하여 맛을 내며, 칼륨을 충분히 섭취하여야 한다. 칼륨은 나트륨을 체외로 배설하게 하여 혈압을 낮추는 효과가 있으며, 칼륨이 많은 식품은 통밀, 고구마, 돼지고기, 고등어, 바나나, 오렌지, 사과, 시금치, 버섯, 우유, 땅콩, 호두 등이다. 그리고, 동물성지방 섭취를 줄이고, 자연식품을 사용하고, 가능한 한 복합당질을 섭취하고 섬유소를 충분히 섭취하며, 지나친 단백질의 섭취는 피하고 양질의 단백질을 섭취한다. 또한, 카페인 함유 음료, 알코올 섭취를 제한하고, 적정 체중을 유지하며, 피토케미컬이 함유된 채소, 과일 섭취를 증가시킨다.

7-3. 씹기장애와 삼킴장애

씹기장애와 삼킴장애가 있는 대상자는 음식섭취에 어려움을 느껴 채소나 육류를 적게 먹고 상대적으로 삼키기 쉬운 탄수화물 위주로 식사를 하게 되어 영양불균형이 올 수 있으므로 씹고 삼키기 어려운 대상자는 고기나 생선, 콩 반찬, 채소 반찬, 유제품과 과일을 매일 먹고, 음식을 부드럽게 조리해서 먹고, 잘게 잘라서 바른 자세로 천천히 꼭꼭 씹어 식사하고, 물은 천천히 조금씩 나누어 마시며, 식사 시 밥을 국이나 물에 말아 먹지 않으며 국수류는 적당한 크기로 잘라서 먹고, 떡류는 잘게 잘라 천천히 먹으며, 과일류는 부드러운 과육을 잘게 잘라 먹거나 숟가락으로 긁어 먹으며, 유제품류는 마시는 형태보다 떠먹는 형태를 선택한다. 바른 식사자세로 앉아 머리는 정면을 보고 턱은 몸쪽으로 약간 당기고, 한 번에 조금씩 먹고 여러 번 삼키는 연습을 하고, 작은 숟가락을 사용하여 천천히 식사하고 식사 도중에 이야기하지 않으며, 식사 후 바로 눕지 말고 약 30분 정도 똑바로 앉아 있고, 식사후 양치질을 한다. 나이가 들면 대장기능이 약화되고 수분섭취 지각력이 저하되어 수분섭취가 부족하기 쉽고 위장기능 저하와 치아상태가 불량하여 부드러운 음식을 선호하게 되면서 식이섬유 섭취가 부족하여 변비가 되기 쉽다.

7-4. 변비

변비 대상자의 식사관리를 할때에는 충분한 수분섭취와 식이섬유 섭취를 위한 관리가 필요하다. 즉, 변비에 도움이 되는 식이섬유를 충분히 섭취하게 하는 식사 원칙을 정한다. 식이섬유는 대변 용적을 크게 하고 장의 연동운동을 촉진하여 배변을 도우므로 가급적 도정과정을 적게 거친 통곡류 및 감자류, 생채소 섭취를 하며, 생과일 섭취를 권장하고, 해조류, 견과류의 섭취를 증가시킨다. 식이섬유의 흡수가 잘 되도록 하루 8잔 이상의 물을 마시고, 규칙적인 식사와 배변습관을 갖으며, 매일 적절한 운동을 한다.

7-5. 골다공증

골다공증 대상자는 골다공증 예방을 위하여 칼슘을 충분히 섭취해야 한다. 칼슘은 뼈의 건강에 중요한 역할을 하는 영양소이며 우유, 요구르트, 치즈, 멸치, 뱅어포, 미역, 두부 등에 많이 함유되어 있으므로, 우유 및 유제품은 하루 1회 이상 섭취하고, 콩이나 두부요리를 섭취하고, 색이 진한 무청, 시금치 등의 녹색채소와 미역, 다시마 등 해조류를 충분히 섭취한다. 커피나 탄산음료는 체내에서 칼슘의 흡수를 방해하므로 섭취를 줄인다.

II. 조리팀-식사 준비

노인은 나이가 들어감에 따라 신체적 변화와 심리적, 사회적 변화로 영양상태가 나빠진다. 미각, 후각, 시각이 둔해지면서 식사 시 느끼는 즐거움도 감소된다. 대상자의 질환에 따라 적절한 식재료와 조리 방법을 선택하고, 체계적인 영양관리를 통해 건강한 식습관을 형성하고 균형 잡힌 식사를 통해 질병의 악화를 예방한다.

1. 식재료 구매 및 보관방법

식재료를 구매할 때 대상자의 건강상태를 고려하여 식단을 작성한 후 미리 계획을 세워 식재료를 구매하고, 필요한 식재료의 종류와 양을 결정하여 구매목록을 만든 후 현재 있는 식재료의 종류와 양을 확인하여 구매목록을 조정하고, 품목별로 구매 장소를 결정하고, 필요량만 구매한다. 식재료 구매 시 반드시 유통기한, 영양표시, 구매 시 보관방법 및 보관상태를 확인하고, 식재료 구입 후 냉장이나 냉동보관 물품은 즉시 냉장, 냉동보관 한다.

2. 조리방법

준비한 식재료를 이용하여 조리를 할 때에는 대상자의 질환 및 음식섭취 능력에 따라 식재료를 준비하고, 저작능력이 저하된 대상자는 부드러운 재료를 선택하고 작은 크기로 잘게 썰어서 준비하며, 연하능력이 저하된 대상자는 부드럽게 삼킬 수 있도록 재료를 푹 끓이거나, 다지거나 믹서에 갈아서 준비한다. 또, 한 번에 많이 먹지 못하는 경우 식사와 간식을 통해 소량씩 나누어 섭취할 수 있도록 준비하고, 조리할 때에는 노화에 따른 미각의 변화를 보면 혀 뒤쪽의 신맛과 쓴맛을 감지하는 미뢰는 나이가 들수록 기능을 더 잘하고, 앞쪽의 단맛과 짠맛을 감지하는 기능은 점차 떨어지는 점을 고려하여 대상자의 식욕을 돋우고 다양한 식품을 섭취할 수 있도록 조리 방법을 선택한다.

 노인을 돌보는 법

2-1. 볶기

볶기는 고온에서 단시간에 조리하므로 수용성 성분의 용출이 적으며 비타민의 파괴도 적다. 볶는 과정에서 식품의 수분이 빠져나오는 대신 기름이 흡수되므로 풍미를 증가시킬 수 있다. 채소는 살짝 데쳐서 볶으면 기름도 적게 들고 색깔도 선명하게 유지할 수 있다

2-2. 삶기

삶기는 조직의 연화, 단백질의 응고, 감칠맛 성분의 증가, 불필요한 지방 및 맛 성분의 제거 등의 목적이 있으며 최대한 수용성 성분의 손실을 막도록 조리한다. 채소는 삶으면 부드러워져 먹기 쉽고, 육류는 오래 삶으면 부드러워지나 생선은 반대로 오래 삶으면 질기고 딱딱해진다.

2-3. 튀기기

튀기기는 단시간에 조리할 수 있고 영양소의 파괴가 적다. 그러나, 노인은 지방질의 소화력이 낮기 때문에 기름기가 적은 조리 방법을 선택하는 것이 바람직하다.

2-4. 무침

무침은 식욕을 돋우기 위해 식초나 소스로 무침을 하면 미각에 변화를 주어 입맛을 찾는 데 도움이 된다.

2-5. 찜

찜은 시간이 오래 걸리는 단점이 있으나 수용성 물질의 용출이 끓이기보다 적어 영양소의 손실이 적고 온도의 분포가 골고루 이루어진다. 찜은 재료를 부드럽게 하여 노인에게 자주 사용되는 조리 방법 중 하나이다. 처음에는 센 불에 가열하다가 약한 불로 오래 가열하면 담백하고 부드러운 맛을 느낄 수 있다.

2-6. 굽기

굽기는 기름이나 물을 사용하지 않고 높은 열로 빠른 시간 내에 조리하기 때문에 수용성 영양소의 손실이 적고 식품 자체의 성분이 용출되지 않으므로 식품 고유의 맛을 살릴 수 있다. 오래 구우면 수분이 모두 빠져나가 딱딱해지기 때문에 적당히 굽는다.

3. 식품, 식기 등 위생관리

장기요양 대상자는 질환 및 노환으로 면역력이 저하되어 있기 때문에 오염된 환경에 노출되면 건강에 치명적인 문제가 생길 수 있다. 따라서 대상자의 식품, 식기 등의 위생을 철저히 관리하여 질병의 발생 및 악화를 예방해야 한다.

식품의 위생관리는 모든 식품의 유통기한을 확인하고, 설명서에 쓰인 보관방법에 따라 보관하고, 유통기한이 지난 식품이나 부패·변질된 음식은 발견 즉시 관리자에게 설명한 후 폐기하며, 잘못된 보관 및 처리로 식중독이 발생하지 않도록 위생관리를 철저히 하고, 냉동식품을 해동했을 경우는 다시 냉동하지 않으며, 뚜껑 또는 포장을 개봉한 식품이 남았을 경우는 다른 용기에 담아 냉장 또는 냉동보관하고 가급적 빠른 시간내에 사용한다. 조리된 음식이 남았을 경우는 냉장보관 하되 가급적 빨리 먹고, 식품을 다루기 전과 후에는 반드시 손을 깨끗하게 씻는다.

식품은 보관방법에 따라 세균이 번식하거나 변질되어 맛과 영양이 떨어지고, 건강에도 해로우므로, 식품의 신선도를 유지하면서 맛과 영양이 변하지 않게 보관하기 위해서는 식품별 보관방법에 주의해야 한다.

3-1. 생선

생선은 내장과 머리를 제거한 뒤 흐르는 찬물로 씻어 소금물에 담근 후 물기를 제거하여 한 끼 먹을 분량씩 싸서 밀폐봉투에 넣어 냉동보관 한다.

3-2. 조개류

조개류는 바로 사용하지 않을 때는 물에 담가두는 것보다 신문지에 싸서 냉동 보관하거나 냉장 보관하는 것이 좋다. 조개류는 하루 이상 보관하지 않으며, 그 이상 보관하려면 사오자마자 냉동 보관 한다.

3-3. 채소류

시금치 등 잎채소는 눕혀 놓으면 빨리 시들므로 세워서 보관하고, 흙이 묻은 채로 보관하려면 물을 뿌린 신문지에 싸두고, 씻은 것은 밀폐봉투에 넣어 채소실에 보관한다. 감자는 냉장고에 보관하면 색이 검게 변하거나 전분이 변질되어 맛이 떨어지기 때문에 신문지에 하나씩 포장하여 서늘하고 그늘진 곳에 구며, 껍질을 벗긴 감자는 식초물에 담가 냉장실에 보관하면 누렇게 변하지 않는다. 고구마는 냉장보관을 피하고, 신문지와 고구마를 층층이 쌓아올려 통풍이 잘 되도록 서늘하고 어두운 곳에 두어야 세균번식을 막는다. 고구마를 자주 먹는 경우라면 미리 찐 고구마를 밀폐봉투에 담아 냉동보관 하면 간편하게 먹을 수 있다. 토마토는 깨끗하게 세척하여 물기를 제거한 후 용기에 키친타월을 깔고 그 위에 보관한다. 너무 잘 익은 토마토는 십(十)자로 칼집을 내고 끓는 물에 30초 정도 익힌 후 껍질을 벗겨 밀폐봉투에 넣어 냉동보관 한다.

3-4. 데친 채소

데친 채소를 보관할 때에는 국거리용 우거지나 배추속대, 사용하고 남은 채소는 적당히 썰어서 데친 뒤 한 번씩 먹을 만큼 밀폐용기에 담아 냉동보관 한다.

3-5. 육류

육류는 하루 정도만 보관할 경우는 저온실에, 오래 두려면 냉동실에 보관하고, 육류는 잘게 썰면 표면적이 커져 세균이 증식하기 쉬우므로 오래 두고 먹으려면 덩어리째로 보관하되, 한 번 녹인 고기는 다시 얼리지 않는 것이 좋으므로 한 번 먹을 만큼씩 나누어 냉동보관 한다. 또한, 육류를 보관할 때 표면에 식용유를 살짝 바르면 색이 변하거나 맛이 떨어지는 것을 방지할 수 있다. 육류를 구입한 날짜가 적힌 라벨지를 고기를 보관하는 용기에 붙이거나 구입일을 적어두면 나중에 사용 시기를 확인할 때 좋다. 육류를 냉동보관할 때는 냉동실의 냉기가 내려오는 제일 위 칸이나 온도변화가 적은 냉동실 안쪽에 넣어둔다.

3-6. 닭고기

닭고기는 육류 중에서 가장 상하기 쉬우므로 냉장보관 시 술과 소금으로 밑간을 해두면 좀 더 오래 보관할 수 있다.

3-7. 달걀

달걀은 신선도를 유지하기 위해 둥근 부분이 위로, 뾰족한 부분이 아래로 향하게 놓는다. 달걀을 물로 비벼 씻으면 표면의 보호막이 제거되어 오염물질이 기공을 통해 내부로 침투되어 변질되기 쉬우므로 비비면서 씻지 않으며, 달걀 껍데기는 행주로 살살 닦거나 조리 직전에 씻어서 사용한다.

3-8. 과일 보관법

과일을 보관할 때 파인애플, 멜론, 오렌지, 바나나 등 열대과일은 실온에 보관하고 대부분의 과일은 냉장실의 채소실에 보관한다.

수박은 적당한 크기로 잘라서 밀폐용기에 넣어 냉장 보관한다. 밀폐용기가 없을 때는 최대한 틈이 없도록 비닐봉지 등으로 2~3중 포장하여 세균의 번식을 막는다.

포도는 상한 알을 떼어낸 다음 깨끗이 씻어 남은 물기를 제거한 후 신문지 등으로 싸서 밀폐용기에 넣어 냉장 보관하고, 오래 두고 먹으려면 씻지 않은 상태에서 신문지에 싸서 채소실에 보관한다.

블루베리는 냉동 보관시에도 맛이 변하거나 효능이 변하지 않기 때문에 오래 두고 먹을 수 있다. 10일 이내로 먹을 때는 냉장보관 하고 그 이상일 때는 물기를 제거한 후 밀폐용기에 담아 냉동보관 한다.

복숭아는 차게 보관하면 단맛이 떨어지고 퍼석퍼석해진다. 신문지나 종이에 싸서 바람이 잘 통하는 실내에 보관했다가 먹기 2~3시간 전에 냉장고에 넣어 약간 차게 먹는다.

3-9. 냉장실 온도

냉장 보관시 냉장 식품은 미생물의 증식이 억제되는 0~10℃의 저온에서 보관하며, 냉장실 온도는 5℃ 이하로 유지하는 것이 좋으며 냉장실 문을 자주 열면, 내부 온도가 상승하기 때문에 되도록 문을 적게 열고, 냉장실에 음식을 보관할 때는 냉기의 순환을 방해하지 않도록 용기 사이를 띄워 놓고, 조리한 음식과 날음식은 구분하고, 밀폐용기에 넣거나 포장하여 세균의 오염을 막는다.

3-10. 냉동실 온도

냉동보관 시 냉동실의 내부온도는 -15℃ 이하로 유지하는 것이 좋으면 냉동실에 음식을 보관할 때도 냉장실과 마찬가지로 냉기의 순환을 방해하지 않도록 음식 간에 공간을 두어야 하며, 냉동이 필요한 제품은 배달 즉시 냉동실에 넣어야 하며, 꺼낼 때는 사용할 만큼만 꺼내 사용한다. 냉동보관 시에는 수분을 차단할 수 있는 용기에 넣어야 하며, 냉동식품은 원래의 포장상태로 저장하는 것이 좋다.

3-11. 식품의 안전관리 원칙

안전한 식품 섭취를 위하여 위생관리 원칙을 철저히 지켜야 한다. 고령이거나 건강상태가 취약한 경우 신체의 방어 능력이 저하되므로 특히 위생관리에 유의해야 한다. 대부분의 미생물은 질병을 유발하지 않지만 일부 유해한 미생물은 토양, 물, 동물 및 사람에게 상주하고 있다. 이와 같은 유해한 미생물은 손, 행주, 조리기구, 특히 도마를 통해 옮겨질 수 있으며, 경미한 접촉으로도 쉽게 식품으로 옮겨져 식중독을 일으킬 가능성이 있다. 그러므로 더욱 위생관리 원칙을 잘 지켜야 한다. 그러므로, 식품을 다루기 전과 조리하는 중간중간에 손을 자주 씻고, 화장실에 다녀온 후 반드시 손을 씻어야 하며, 식품 조리에 사용하는 모든 기구 및 조리대 표면을 깨끗이 세척하고 소독하고, 조리장소와 식품을 곤충, 해충 및 기타 동물로부터 보호한다.

익히지 않은 음식과 익힌 음식의 분리하여 보관하고, 가열하지 않은 식품, 특히 육류, 가금류, 해산물과 육즙에는 유해한 미생물이 있을 수 있고 식품 조리 및 보관 중 다른 식품으로 옮겨질 수 있으므로 익히지 않은 육류, 가금류, 해산물을 다른 식품과 분리하고, 익히지 않은 음식과 익힌 음식 간의 접촉을 피하기 위하여 별도의 용기에 담아 보관한다. 칼이나 도마 등의 조리기구는 가열 식품용과 비가열 식품용으로 구분하여 따로 사용한다.

적절하게 가열하면 유해한 미생물은 대부분 죽는다. 식품을 75℃까지 가열하면 안전하게 식품을 섭취할 수 있다. 다진 고기, 구이용 고기말이, 뼈가 붙어 있는 고기 및 통째로 조리된 가금류는 특히 주의가 필요하다. 식품 중 특히 육류, 닭이나 오리, 계란, 해산물은 완전히 익혀야 하며, 죽이나 미음 같은 식품은 반드시 75℃ 이상 온도까지 가열하고, 육류나 가금류의 경우에는 육즙이 분홍색을 띠지 않고 맑게 될 때까지 가열하여야 하며 조리되었던 식품은 완전하게 재가열한다.

실온에서는 식품 중 미생물이 매우 빨리 증식할 수 있으므로 보관온도를 5℃ 이하나 60℃ 이상으로 유지할 경우 대부분의 미생물은 증식이 둔화되거나 멈추지만, 일부 유해한 미행물은 5℃ 이하에서도 증식하므로 조리한 식품을 실온에 2시간 이상 방치하면 안된다. 조리한 식품 및 부패하기 쉬운 식품은 즉시 5℃ 이하 냉장고에 보관하고, 조리한 식품은 먹기 전에 뜨겁게 데우며, 냉장고 안이라도 식품을 장기간 보관하지 않으며, 냉동식품은 실온에서 해동하지 않는다.

물과 얼음 등을 포함한 식품 원재료는 유해한 미생물 및 화학물질에 오염되었을 수 있으므로, 식품 원재료를 싱싱하고 안전한 상태의 것으로 선택하고, 세척 및 껍질 벗기기 등과 같은 간단한 처리 방법으로 안전한 물을 사용하고, 신선하고 질 좋은 식품을 선택하며, 살균 우유와 같은 안전하게 가공된 식품을 선택하고, 과일이나 채소는 가열조리 없이 그대로 먹을 경우 잘 씻고, 유통기한이 지난 식품은 절대 사용하지 않는다.

3-12. 식기 및 주방의 위생관리

장마철은 습도가 높아 식중독 발병의 위험이 높아지기 때문에 식기 및 주방 위생에 각별히 신경 써야 하며 식기류는 깨끗이 씻은 후 반드시 물기를 제거하고, 여름철에는 식기에 남은 음식물이 빠르게 부패되어 주방 악취의 원인이 되므로 즉시 처리하고 식기를 닦으며, 한 번 사용한 식기와 찌든 오염이 발생한 주방용품은 바로 세척하고 관리한다.

4. 싱크대 배수구 위생관리 방법

조리 후 찌꺼기 거름망을 비우고, 주방용 세정제와 솔로 닦고, 소다와 식초를 배수구에 부어놓으면 악취가 사라진다.

4-1. 찬장 또는 싱크대

평소 습기가 많은 주방은 여름철에 조금만 소홀히 해도 식중독 균의 번식이 활발해지기 때문에 싱크대는 자주 건조하는 것이 좋으며, 냄새나 곰팡이가 발생한 경우에는 희석한 알코올로 닦고, 세척 후에는 곰팡이가 선반 사이에 끼지 않도록 선반을 완전히 말리고, 찬장을 자주 환기한다.

4-2. 냉장고

채소박스나 선반 등은 꺼내어 주방용 세정제로 닦고, 소다나 식초를 따뜻한 물에 타서 닦아내고 고무패킹은 헌 칫솔에 세제를 묻혀 꼼꼼히 닦은 후 더운물로 한 번 더 닦아내고 알코올을 솜에 묻혀 닦고, 소독용 알코올이나 맥주를 헝겊에 묻혀 닦아주면 더러움은 물론 악취도 없어진다.

냉장실은 자주 청소하여 항상 청결을 유지하고, 숯이나 탄 빵 조각, 커피, 녹차 티백을 냉장실에 두면 탈취제 역할을 한다.

4-3. 수세미와 행주

수세미는 스펀지형보다 그물형이 위생적이고, 행주는 자주 삶는 것이 가장 위생적이며 삶을 수

부록. Ⅱ. 조리팀-식사 준비

없는 스펀지 등은 소독제를 희석한 물에 담가 두었다가 꼭 짜서 말려 사용한다. 행주는 젖은 행주와 마른 행주를 구분해서 용도에 맞게 사용하고, 사용하지 않을 때는 바짝 말려 둔다.

4-4. 그릇 및 조리기구

씻은 식기는 행주로 닦지 말고 물기가 건조되도록 어긋나게 엎어 놓고, 유리그릇은 뜨거운 상태에서 찬물에 담그면 깨질 위험이 있으므로 주의한다.

4-5. 고무장갑

조리용과 비조리용을 구분하여 사용하고, 사용 후에는 뒤집어 세제로 깨끗이 씻고 손가락 부분 사이사이까지 세심하게 씻어서 말린다. 습기 찬 장갑을 끼면 습진이 생길 수 있고 세균이 번식하게 되므로 주의한다.

4-6. 플라스틱 용기

밀폐용기에서 냄새가 날 경우, 사용한 녹차티백을 2~3개 넣고 뜨거운 물을 부어 하루 정도 두었다가 닦으면 냄새는 물론 끈적거림까지 없어진다. 기름기가 많은 음식물을 넣었던 용기는 녹차티백이나 쌀뜨물에 담가 두었다가 닦으면 냄새가 없어진다.

4-7. 설거지

기름기가 적고 음식물이 덜 묻은 그릇부터 설거지하며, 기름기가 많은 그릇은 휴지로 기름기를 제거한 후 설거지한다. 유리컵 → 수저 → 기름기가 적은 밥그릇, 국그릇 → 반찬 그릇 → 기름 두른 프라이팬 등의 순서로 설거지한다.

에듀컨텐츠·휴피아
CH Educontents. Huepia

Ⅲ. 위생팀

1. 의복관리

　의복은 체온 조절이나 신체 청결을 유지하는 데 중요한 역할을 한다. 또한 선호하는 의복을 입어 자기 자신의 개성이나 의식을 표현하기도 한다. 대상자의 건강수준에 맞는 의복을 입어 더 쾌적하고 건강하게 생활하도록 도와 주어야 하며, 속옷은 매일 갈아입도록 하고, 더러워진 의류는 옷감의 종류 및 세탁방법에 따라 애벌빨래하여 세탁물 주머니에 넣고 세탁하고, 얼룩이나 더러움이 심한 것은 즉시 세탁한다. 세탁 시에는 충분히 헹구고, 새로 구입한 의류는 한 번 세탁한 후 입고, 감염이 의심되는 대상자의 의류는 다른 사람의 의류와 구분하여 세탁하며, 의류를 버릴 때에는 대상자에게 반드시 동의를 구한다. 평소에 늘 입는 옷은 바로 찾을 수 있게 수납하고, 대상자에게 장소를 명확히 알려 주고 꺼내기 쉽도록 서랍 앞쪽에 정리해 두고, 단추가 떨어졌거나 옷이 뜯긴 자리가 없는지 점검하고, 필요한 경우에는 수선해 두고 모직물에는 방충제를 넣는다. 노인의 의복과 신발을 선택할 때에는 가볍고 느슨하며 보온성이 좋아야 하고, 입고 벗는 것이 쉬워야 하며 노인의 체형에 맞는 디자인이어야 한다. 움직이는 데 불편하지 않고, 장식은 과도하지 않고, 외출 시 특히 저녁때는 교통사고를 방지하기 위해 부분적이라도 밝은색이 들어간 옷이 좋으며, 신발은 굽이 낮고, 폭이 좁지 않으며, 뒤가 막혀있는 것으로 미끄럼방지 처리가 되어 있어야 하며, 양말도 미끄럼방지 처리가 되어 있어야 한다.

　속옷은 입어서 기분이 좋고, 피부를 자극하지 않는 재질로, 갈아입기 쉽고, 습성이 좋은 소재 등의 조건을 만족해야 한다.

2. 침상 청결관리

　질환 및 장애로 침상에 오래 머무르는 대상자의 침상 주변을 말끔하게 정리 정돈하여 위생적이고 쾌적한 생활을 돕기 위하여 침상을 정돈할 때는 반드시 대상자의 동의를 구해야 하며, 대상자가 넘어지지 않도록 전기코드 등 발에 걸리는 물건을 치우고, 대상자에게 필요한 물품이나 요양보호에 필요한 물품은 손이 닿는 위치에 두고 나머지는 잘 치워두며, 물건은 찾기 쉽게 정리하여야 하며 용기에 들어있는 물건의 이름을 적어두어 찾기 쉽게 한다.

3. 침구의 선택 및 정리

3-1. 이불

이불은 따뜻하고, 가볍고, 부드러우며 보습성이 있는 것을 선택하고, 이불커버는 감촉이 좋은 면제품이 좋다. 이불을 햇볕에 말리면 자외선에 의한 살균 효과가 있고, 이불을 건조시키면 면이 팽창하여 보온성이 증가하며, 건조시간은 오전 10시~오후 2시가 좋고, 양모, 오리털 등의 이불은 그늘에서 말린다. 이불을 걷을 때는 가볍게 두드려 솜을 펴주고, 담요나 이불 등은 적어도 한 달에 한 번씩은 세탁·교체한다.

3-2. 요

요는 단단하고, 탄력성과 지지력이 뛰어나며 습기를 배출할 수 있는 것이 적합하며, 너무 푹신하면 자세가 나빠지고 피로해지기 쉽고, 땀이 흘러 눅눅해지거나 전기장판 등으로 인해 따뜻한 온도가 직접적으로 닿아서 각종 유해한 세균이나 집진드기가 발생하기 쉽기 때문에 최소한 한 달에 한 번씩은 말린다.

3-3. 리넨류

리넨류(시트, 베개커버 등) 중 시트는 주름이 생기지 않고 한 장으로 요(매트리스)를 덮을 수 있는 크기가 적합하며, 시트의 소재는 튼튼하고 흡습성이 좋은 옅은 색의 면이 좋고, 시트는 길이, 폭 모두 요(매트리스) 밑에 접어 넣을 수 있는 크기를 사용한다. 소재가 두껍고 풀을 먹이거나 재봉선이 있는 것은 욕창의 원인이 되므로 피하고, 와상 대상자는 침구를 반듯하고 팽팽하게 펴주고, 3~5일에 한 번은 세탁하여 햇볕에 말리고, 더러워진 시트는 수시로 교환하고, 교환 중에는 먼지가 발생하므로 환기한다.

3-4. 베개

베개는 습기를 흡수하지 않고, 열에 강하며 촉감이 좋은 재질을 사용하고, 깃털이나 솜처럼 너무 푹신한 베개는 머리와 목이 파묻혀 경추의 곡선을 유지하는 도움이 안 되고, 목침이나 돌처럼 딱딱한 베개는 목 근육과 골격에 무리를 주고 혈액순환에 방해가 되므로, 적당히 형태가 유지되는 베개를 선택한다. 메밀껍질이나 식물의 종자로 만들어진 베개가 좋으며, 베개는 2~3개 정도를 준비하면 머리 외에도 체위변경 시 신체를 지지하는 데에 이용할 수 있고, 베개는 척추와 머리가 수평이 되는 높이가 좋고, 폭은 어깨 폭에 20~30cm를 더하고, 딱딱한 정도는 기호에 따라 조정하고, 감염대상자는 모포와 베개에 커버를 씌워 커버만 매일 교환한다.

4. 세탁하기

세탁을 통해 대상자를 청결하게 하고, 기분을 상쾌하게 하여 건강 유지를 돕는다. 세탁방법은 대상자의 습관과 결정을 존중하여 선택하며, 세탁표시에 따른 세탁방법에 따라 세탁하고, 세탁물의 상태를 확인하여 수선이 필요한 경우는 수선 후 세탁하고, 세탁물을 통해 실금이나 하혈 등 건강상태를 확인하고 이상이 있는 경우는 시설장 또는 관리책임자에게 보고한다. 세탁시간은 섬유의 종류나 오염의 정도에 따라 조절하며, 의류의 손상을 피하기 위해 오염이 심할 때에는 불리거나 부분세탁을 병행하는 것이 좋고 세탁물은 옷감의 종류와 색상, 세탁방법에 따라 분류하여 세탁하고 손질하며, 세탁방법과 세탁물에 따라 알맞은 세제를 선택하고 적당량만 사용한다.

4-1. 세탁 방법

불리기는 제품에 오염이 심한 경우는 분해 효소나 바이오 세정 성분이 들어있는 세제나 고형비

 노인을 돌보는 법

누로 가볍게 문지른 후에 불린다.

애벌빨래는 본 세탁 전에 오염물질을 어느 정도 미리 세탁하는 애벌세탁 코스로 본 세탁만 하는 것보다 더 깨끗하게 세탁할 수 있으므로 심하게 오염된 빨래나 와이셔츠 소매 및 목 부분의 찌든 때 등 오염부분에 가루세제나 얼룩 제거제를 묻혀 살살 비벼준다.

얼룩을 제거할 때 주의할 점은 얼룩의 종류와 성질을 정확하게 파악하고 이에 알맞게 처리하는 하고 얼룩이 묻었을 때 비비는 것은 좋지 않다. 잘못 비비면 오히려 얼룩의 범위를 넓게 퍼지게 하고 옷감의 손상을 일으킬 수 있으며, 얼룩이 생긴 즉시 빨리 처리하는 것이 좋으며, 이때 옷감이 상하지 않는지, 다른 결과가 생기지 않는지 주의하며, 간단한 방법으로 얼룩을 빼보고 안되면 마지막 수단으로 약품을 사용한다. 얼룩을 뺄 때는 얼룩 밑에 무명천을 2~3장 깔고 위에서부터 얼룩제거제를 묻힌 천이나 브러시로 두드려 얼룩이 밑에 받친 천에 배어들게 하며, 약제를 사용하여 얼룩을 뺀 후에는 깨끗한 헝겊으로 반복하여 두드리고, 얼룩을 뺀 후에는 얼룩 뺀 부분을 다른 곳과 같게 하기 위하여 얼룩을 뺀 주위에 분무기로 물을 뿌려 둔다.

4-2. 의복과 옷감에 생긴 얼룩을 제거하는 방법

커피는 식초와 주방세제를 1:1 비율로 섞어서 칫솔로 얼룩부분을 살살 문질러 제거한 후 충분히 헹구거나 탄산수에 10분 정도 담가둔 후 세탁한다.

땀은 재빨리 처리하는 것이 좋다. 땀이 묻은 부위를 두 장의 수건 사이에 끼우고 두드려 땀이 수건으로 옮겨 가게 한 다음 세제로 세탁한다. 겨드랑이와 같이 얼룩이 심한 부위는 온수에 과탄산소다와 주방세제를 1:1로 넣어 2~3시간 담가둔 후 헹군다. 립스틱은 클렌징폼으로 얼룩부분을 살살 문질러 따뜻한 물로 헹구거나, 립스틱 자국 위에 버터를 살짝 묻혀 톡톡 두드린 후 화장솜에 아세톤을 묻혀서 버터와 얼룩을 지운 후 중성세제로 세탁한다. 파운데이션은 알코올이 함유된 화장수 또는 스킨을 화장솜에 적셔 얼룩을 톡톡 두드려 준다. 비눗물로 씻으면 얼룩이 번져서 깨끗하게 지워지지 않기 때문에 반드시 알코올이 함유된 화장수로 지운다. 튀김기름은 얼룩이 묻은 부위에 주방용 세제를 몇 방울 떨어뜨리고 비벼서 제거한다. 혈액이나 체액은 찬물로 닦고 더운물로 헹군다.

5. 삶기

면직물 속옷이나 행주, 걸레 등을 삶으면, 때도 잘 빠지고 살균효과도 있으므로, 세탁하고 나서 합성세제나 비눗물에 세탁물이 반쯤 잠길 정도로 넣고 삶는다. 삶을 때는 뚜껑을 덮고 세탁물이 직접 공기층에 노출되지 않게 하고, 삶는 제품의 종류가 다르거나 삶는 도중 색이 빠질 우려가 있는 의류는 비닐봉투에 각각 넣어 묶은 후 다른 제품과 함께 용기에 넣어 삶으며, 삶는 동안 비닐봉투가 용기 바닥이나 옆에 닿지 않게 한다.

6. 탈수하기

탈수시간은 의류에 따라 조절해야 하며, 지나친 탈수는 주름이나 의류손상의 원인이 되므로 소재나 의류에 따라 탈수 시간을 선택한다.

7. 헹구기

시간과 물을 절약하기 위해 헹구기 전에 세탁물의 비눗기를 먼저 탈수하는 것이 중요하다. 2~3회 헹구며, 마지막 헹굼에서 섬유유연제로 헹구면 감촉이 부드럽게 된다. 냄새가 심한 세탁물은 헹군 다음 붕산수에 담가두었다가 헹구지 않고 탈수하여 말리면 냄새가 없어진다.

8. 건조하기

탈수가 끝나면 주름을 펴서 형태를 바로잡아 곧바로 말리는 것이 중요하다. 또한 세탁물 건조 시에는 품질표시에 제시된 건조방법에 따라 말린다. 흰색 면직물은 햇볕에 건조하는 것이 살균효과가 있고, 합성섬유 의류, 색상·무늬가 있는 의류는 햇볕에 말리면 변색될 수 있으므로 그늘에서 말린다. 니트류(스웨터 등)는 통기성이 좋은 곳에서 채반 등에 펴서 말리고, 청바지류는 주머니 부분이 잘 마르고 색이 바래지 않게 뒤집어서 말린다. 이때 지퍼는 열어둔다.

9. 세탁 후 관리

의복 정리는 건조가 끝난 의복류는 계절 및 용도별로 분류해 놓으면 편리하다.

사용빈도가 적은 의복은 수납해 두는 것이 좋으며, 수납장소를 기록해 두거나 겉에서 봐도 알기 쉽게 해두고, 옷장에는 내의나 수건을 정리하여 이름표를 붙여둔다. 매일 사용하는 의복류나 물건은 바퀴가 있는 끌차에 정돈해 두어 침대 옆에 두면 편리하다.

10. 다림질

다림질은 다림질 표시기호를 따라야 하며, 다리미가 앞으로 나갈 때는 뒤에 힘을 주고 뒤로 보낼 때는 앞에 힘을 주어 다려야 하고, 다림질 후 습기가 남아있으면, 구김, 변형이 되므로 완전히 말려야 하며, 수분이 필요한 다림질에는 먼저 분무기로 전체적으로 고르게 물을 뿌리고, 풀 먹인 천이나 스프레이식 풀을 사용하여 다림질할 때는 천을 깔고 다린다.

11. 의류보관법

의류를 보관할 때 의복은 해충의 피해나 곰팡이에 의해 손상되고 보관 중 변질, 변색될 수 있으므로 2시간 이상 직사광선을 쏘이고, 오랜 보관이나 장마로 인해 의류나 침구가 눅눅해졌으면 건조하고 맑게 갠 날 바람이 잘 통하는 그늘에서 바람을 쏘인다. 맑은 날이라도 비가 막 그친 후에는 지면에서 습기가 올라오므로 바람을 쏘이는 데에는 적합하지 않으며, 양복장이나 서랍장에 방습제를 넣으면 습기 차는 것을 방지할 수 있고, 방습제는 실리카 겔이나 의류용 염화칼슘을 주로 사용하며, 실리카 겔은 흡습하면 분홍색으로 바뀌고 다시 건조시키면 청색으로 변하므로 말려 재사용한다. 모섬유나 견섬유와 같이 흡습성이 큰 천연섬유는 높은 온도와 습도에서 해충의 피해를 받기 쉬우므로 보관할 때는 방충제를 넣어 두고, 방충제에는 장뇌, 나프탈렌, 파라디클로로벤젠 등이 있는데, 종류가 다른 방충제를 함께 넣으면 화학변화를 일으켜 옷감이 변색, 변질되므로 한 가지씩만 사용한다. 그리고, 방충제는 공기보다 무거우므로 보관용기의 위쪽 구석에 넣어 둔다. 방충제의 포장지를 벗긴 다음 천이나 신문지에 싸서 넣는다.

Ⅳ. 의료보건팀

1. 경관영양식

　　경관영양식은 입으로 식사를 할 수 없고 영양공급이 불충분한 대상자는 관을 통해 영양을 공급해야 하는 것을 말하며, 준비 물품으로는 처방된 비위관 영양액, 50cc 주사기, 영양주머니(위장관 영양백), 컵, 물, 일회용 장갑, 입술보호제, 윤활제, 종이테이프이며 먼저, 요양보호사는 물과 비누로 손을 씻고, 처방에 따라 영양액을 너무 차갑거나 뜨겁지 않게 체온 정도의 온도로 데워 준비하여야 한다. 대상자가 의식이 없어도 청각기능이 남아있어 들을 수 있기 때문에 식사 시작과 끝을 알리고 앉게 하거나 침상머리를 올려주고, 일어나지 못하면 오른쪽으로 눕힌다. 영양액이 중력에 의해 흘러 내려와 위장속으로 들어가도록 위장보다 높은 위치에 걸고 경관영양 주입 시 비위관이 빠지거나 새거나 역류되면 간호사에게 연락하고 관이 막히지 않도록 해야 한다. 너무 천천히 주입하는 경우 음식이 상할 수 있고, 너무 진한 농도의 영양을 주입하거나 너무 빠르게 주입하면, 설사나 탈수를 유발할 수 있으므로 항상 주의를 기울여야 한다. 그리고 판매되는 영양액을 사용하는 경우에는 유효기간 이내의 것만 사용하고, 영양주머니는 매번 깨끗이 씻어서 말린 후 사용하여야 하며 대상자가 무의식적으로 빼려고 할 때 빠지지 않도록 비위관을 반창고 등으로 잘 고정하고 경관영양을 하는 대상자는 입안 건조와 갈증을 예방하기 위해 입 안을 자주 청결히 하고, 입술보호제를 발라주고, 콧속에 분비물이 축적되기 쉬우므로 비위관 주변을 청결히 하고 윤활제를 바른다. 또한 대상자가 토하거나 청색증이 나타나면 비위관을 잠근 후 바로 시설장이나 관리책임자 등에게 알린다. 경관영양 주입 후 대상자가 상체를 높이고 30분 정도 앉아 있도록 하고, 사용한 물품과 주위를 정돈하며 섭취량을 기록하고 물과 비누로 손을 씻는다.

2. 약 보관 방법

약 보관 방법은 약이 변질되지 않고, 효과가 유지되도록 제품 용기에 명시된 보관법에 따라 안전하게 보관하여야 하며 모든 약물은 치매 대상자, 아동, 애완동물의 손이 닿지 않는 곳에 보관하고 유효기간이 지난 약물은 폐기하며 치매 대상자의 약은 안전한 곳에 보관하고 가능하면 약상자에 잠금장치를 한다.

알약은 습기가 차지 않도록 원래의 약용기에 넣어 건조한 곳에 보관하며 햇빛을 피해 보관해야 약성분이 변질되지 않는다. 가루약을 먹일 때 사용하는 숟가락에 이물질이나 물기가 있으면 변하기 쉬우므로 물기가 없는 숟가락을 사용하며, 시럽제(물약)는 서늘한 곳에 직사광선을 피해 보관하고 약병에 쓰인 보관방법을 따르고 오랫동안 먹지 않다가 다시 먹는다면 색깔이나 냄새를 확인하여 이전과 다르면 폐기한다. 약용기째 빨아 먹으면 침이 약에 섞여 들어가 변질될 수 있으므로 반드시 깨끗한 플라스틱 계량컵이나 스푼에 덜어 먹여야 하며 꺼낸 시럽을 다시 병에 넣으면, 약이 변질되는 원인이 되므로 잘못 따른 약은 버려야 한다. 그리고 안약이나 귀약은 투약 후 입구를 생리식염수 솜으로 잘 닦아 상온의 그늘진 곳에서 보관한다. 노인의 피부는 건조하고 거칠며 윤기가 없고 피부각질이 생기기 쉬우므로 손발 및 피부 건조를 예방하기 위해서는 보습을 고려한 클렌저나 비누를 선택해야 한다. 또한, 청결 유지를 위하여 주기적으로 오일이나 로션 등을 사용하며 피부에 상처가 나지 않도록 조심하고 피부에 자극을 주는 침구나 모직의류 등은 피하고 면제품을 사용하는 것이 좋으며 피부의 색이나 상처, 분비물 유무를 확인한다.

3. 유치도뇨관

유치도뇨관을 삽입하고 있는 대상자는 유치도뇨관을 통한 감염증이 생기기 쉬우므로 감염 예방에 세심한 주의를 기울여야 하며 소변주머니는 방광 위치보다 높게 두지 않는다. 소변주머니가 높이 있으면 소변이 역류하여 감염의 원인이 된다. 유치도뇨관을 통해 소변이 제대로 나오는지 확인한다. 소변량과 색깔을 2~3시간마다 확인하여야 하고, 유치도뇨관을 통한 소변이 원활히 배출되어 감염이 생기지 않게 돕는다. 연결관이 꺾여 있거나 눌려 소변이 소변주머니로 제대로 배출되지 못하는지 살펴야 하며, 유치도뇨관을 삽입하고 있어도 침대에서 자유로이 움직일 수 있으며 보행도 할 수 있음을 대상자에게 알려주고, 항상 주변을 청결하게 하고, 금기 사항이 없는 한 수분 섭취를 권장하며, 유치도뇨관을 강제로 빼면 요도점막이 손상되므로 심하게 당겨 지지 않게 주의한다. 준비 물품으로는 일회용 장갑, 스크린이나 커튼, 소변기, 휴지통 등이 있으며, 돕는 방법으로 요양보호사는 먼저, 물과 비누로 손을 씻은 후 일회용 장갑을 끼고, 소변이 소변주머니로 원활히 배출되는지 살피고, 소변주머니를 비울 때는 밑에 있는 배출구를 열어 소변기에 소변을 받은 후 배출구를 잠그고 알코올 솜으로 배출구를 소독한 후 제자리에 꽂고, 소변색이 이상하거나 탁해진 경우, 소변량이 적어진 경우, 소변이 도뇨관 밖으로 새는 경우에는 시설장이나 간호사에게 보고한다. 지시가 있을 경우 수분 섭취량과 배설량을 확인하고 기록하고, 소변기의 소변을 지정된 장소에서 버리며, 소변 이상 여부를 확인한 후 바로 비워 냄새가 나지 않게 하고, 일회용 장갑을 벗고 물과 비누로 손을 씻는다.

4. 약물사용

약물은 질병을 치료하며 증상 완화에 매우 중요하지만 잘못된 약물 복용은 노인에게 심각한 피해를 줄 수 있으므로 주의가 필요하다. 다양한 약물을 복용하면 약물을 잘못 복용하거나 약물 간의 상호작용을 일으킬 수도 있다. 노인은 약물의 흡수, 대사, 배설기능이 젊은 사람에 비해 현저히 떨어지므로 잘못된 약물 복용은 노인에게 더욱 위험하다. 따라서 노인이 올바르게 약물 복용을 할 수 있도록 도와야 하며, 복용하는 약물 효과를 알아야 한다. 적합한 약, 정해진 양, 올바른 복용방법, 정해진 시간, 올바른 경로로 복용하는지, 약물의 부작용 등이 있는지 확인하고, 비처방약도 복용하기 전에 의사와 상담해야 하며, 다른 사람에게 처방된 약은 절대로 복용해서는 안 된다. 쉽게 구입할 수 있는 비상약은 상시 구입이 가능하다는 것을 알려주고, 노인에게 자신의 신체적 문제, 주치의 약물 알레르기 반응, 현재의 복용 약물에 대한 최근 기록을 가지고 다니게 하며, 진료나 건강 상담을 받을 때마다 평소 복용 중인 약물을 적은 메모를 사전에 제시하여 적절히 처방받게 한다.

4-1. 노인의 약물사용 방법

노인의 약물사용 방법은 복용하던 약을 의사의 처방 없이 중단하면 안되며, 증상이 좋아졌다고 해도 복용하던 약을 중단하려면 먼저 의사와 상담 해야 하고, 처방을 무시하고 임의로 조절하여 정해진 양보다 적게 복용하거나 많이 복용해서는 안되며, 약을 술과 함께 먹으면 효과가 떨어지거나 부작용이 있을 수 있고, 증상이 비슷하다고 해서 다른 사람에게 처방된 약을 먹거나 자기 약을 남에게 주면 안 된다. 가급적 단골 병원과 약국을 지정하여 다니는 것이 좋고, 진료 전에 복용 중인 약물과 약물 알레르기에 대하여 반드시 알리고, 진료 후 이전 처방약을 이어서 복용하지 않으며, 질병 상태에 맞추어 약을 조절했을 가능성이 높으므로 반드시 가장 최근의 처방약을 복용해야 한다. 또한, 이전 처방약이 많이 남은 경우 복용할 수 있는지 의사에게 확인받는다. 약 복용시간을 준수하고, 약이 쓰다고 다른 것과 함께 복용하면 안되며, 우유, 녹차, 커피 등 카페인 음료와 함께 복용하면 약의 흡수가 방해되므로 미지근한 물 한 컵과 함께 복용하는 것이 좋으며, 약을 자몽주스와 함께 복용하면 고혈압, 고지혈증의 부작용이 증가하므로 주의해야 한다. 그러나 철분제는 오렌지주스와 함께 복용하면 흡수가 잘되고, 약 삼키는 것이 힘들다고 쪼개서 복용하면 안 된다. 단, 분할선이 있는 약만 쪼개서 복용할 수 있으며, 삼키기 힘든 대상자의 약이 분할, 분쇄할 수 없는 약이라면 처방을 변경해 달라고 요청해야 한다. 약 복용을 잊어버렸다고 그 다음 복용 시간에 2배로 복용하면 안되고, 약 복용 시간을 놓쳤다면, 생각난 즉시 복용하며, 다음 복용 시간에 가까워진 때는 다음 복용 시간에 복용하며, 절대로 2배 용량을 복용해서는 안 된다. 건강기능식품도 의약품은 아니지만 의사, 약사와 충분히 상의한 후 복용하고, 건강기능식품은 복용약과 상호작용이 있으므로 복용 전에 주의사항을 확인하고 적당량만 복용한다.

5. 예방접종

예방접종은 만성질환자 및 면역저하자는 감염병에 걸리면 합병증 발생 위험이 높아 병원 입원 및 사망의 주요한 요인이 되므로 개인의 건강뿐만 아니라 지역사회 내 질병 부담을 감소시키기 위해 예방접종이 꼭 필요하다.

□ 접종 장소: 전국 보건소 및 지정 의료기관

□ 문의: 관할 보건소,

☎ 129(보건복지 콜센터),

☎ 1339(질병관리본부 콜센터)

에듀컨텐츠·휴피아
CH Educontents·Huepia

V. 요양보호팀

요양보호사는 대상자의 질병명을 예측하여 말하거나, 수술 혹은 약물 치료가 필요하다는 등의 말을 하면 안 된다. 요양보호사의 부정확한 판단이 대상자 및 가족에게 혼란과 걱정을 유발할 수 있기 때문에 반드시 숙지하여야 한다.

1. 건망증과 치매의 차이

건망증은 생리적인 뇌의 현상이며, 경험의 일부 중 사소하고 덜 중요한 일을 잊게 되나, 힌트를 주거나 시간이 지나 곰곰이 생각하면 기억이 나므로 일상생활에 지장이 없다.

치매는 뇌의 질환이며, 경험한 사건 전체나 중요한 일도 잊으며, 힌트를 주거나 나중에 생각해도 거의 기억하지 못하여, 일상생활에 지장이 있고 수발이 필요하다.

2. 기억력 장애

기억력 장애 증상은 가치 있는 물건을 잘 간수하지 못하고 잃어버리며, 책이나 신문의 구절을 읽고 기억하는 것이 거의 없으며, 새로 소개받은 사람의 이름을 기억하는 것에 어려움이 있고, 기억력이 저하된 것을 주변 사람들이 알게 되며, 익숙하지 않은 환경에 가면 길을 잃는다.

3. 노인 우울증

노인 우울증은 눈치채기가 원인을 알 수 어렵고, 신체증상이 장기간 계속되거나 신체활동이 저하될 때 노인 우울증이 아닌지 의심해 보고 가족과 상의해야 하며, 우울증은 자살로 연결되기도 하므로 말과 행동을 면밀히 관찰해야 하고, 집에만 있기보다 밖에서 햇볕을 쬐며 가볍게 산책하는 등 스스로 기분을 전환하게 한다. 인간관계나 취미활동을 유지하게 격려하고, 평소 긍정적인 사고

와 즐거운 마음을 가지도록 하며, 기억력을 높이는 활동을 하도록 격려한다.

4. 야간섬망

야간섬망은 치매 대상자가 늦은 밤에 성격이 완전히 달라져서 흥분하거나 환각 증상을 보이는 것이다. 가벼운 야간섬망인 경우, 방을 밝게 하고 따뜻하게 해주면 진정이 된다. 심각한 수준이면 본인의 정신·신체적 에너지 소모가 심하고, 주변 사람까지 위험할 수 있으므로 시설장이나 간호사 등에게 보고하여 전문가의 진료를 받게 한다.

5. 뇌졸중의 전구증상

한쪽 팔다리가 마비되거나 감각이 이상하고, 주위가 뱅뱅 도는것처럼 어지럽고, 말할 때 발음이 분명치 않거나, 말을 잘 못 하며, 갑자기 눈이 안 보이거나, 둘로 보이고, 일어서거나 걸으려 하면 자꾸 한쪽으로 넘어진다. 갑자기 벼락 치듯 심한 두통이 오고 의식장애로 깨워도 깨어나지 못한다.

6. 파킨슨 질환

파킨슨 질환은 처진 어깨, 몸통을 앞으로 굽힘, 서동(행동이 느려짐), 고개를 숙임, 무표정한 얼굴, 무릎관절, 고관절, 팔꿈치와 손목, 관절이 굴곡되어 앞으로 굽힌 자세를 보이며, 손떨림, 근육이 뻣뻣해져서 경직적인 모습을 보이고, 상체가 앞으로 기울어지는 등의 불안정 자세을 보인다.

6-1. 파킨슨질환 대상자에 대한 요양보호사의 활동

치매노인은 건망증이나 지남력장애로 일상생활을 할 수 없고, 적절한 의사소통이 불가능하고 이상행동을 보이므로 부정, 설득, 지도보다는 따뜻한 분위기 속에서 보호, 수용, 지지해야 하며, 대상자마다 치매 정도가 다르며 모든 것을 항상 이해하지 못하는 것은 아니므로 인내심을 가지고 부드럽게 대하고, 뇌졸중이나 파킨슨 질환으로 발생한 마비는 회복이 늦어지거나 어려울 수 있기 때문에 체위 변경과 올바른 자세 유지, 관절운동 등 재활치료를 조기에 시작하는 것이 중요하고, 치매, 뇌졸중, 파킨슨 질환 등 신경계 질환은 옆에서 지켜보는 보호자도 매우 힘든 상황이므로 정서적으로 지지해 준다

7. 당뇨병 대상자의 발 관리 원칙

당뇨병 대상자는 혈당, 혈압 관리, 주의 깊게 발을 관찰하며, 발을 씻은 후에는 반드시 말리고, 발 건조를 예방하고, 양말은 항상 착용하며, 발톱은 일자로 자르고, 금연하며, 차갑거나 뜨거운 곳의 노출은 금지한다.

7-1. 당뇨병 대상자에 대한 요양보호사의 활동

당뇨병은 완치가 어려우므로 합병증이 발생하지 않도록 돕는 것을 목표로 하여 식이요법, 운동요법과 약물요법이 잘 이루어질 수 있도록 돕고, 당뇨병 대상자의 발을 주의해서 관리한다.

8. 녹내장 대상자의 일상생활 주의사항

목이 편한 복장을 하고, 담배는 끊어야 하며, 술은 1~2잔 정도로 줄이고, 머리로 피가 몰리는 물구나무서기나 복압이 올라가는 윗몸 일으키기 등의 운동은 안압을 올릴 수 있으므로 피하고, 고개를 숙인 자세에서 장시간 독서하거나 작업하는 것을 피하여야 하며, 마음을 편하게 하고 흥분하지 않는다. 녹내장은 추운 겨울이나 무더운 여름에 발작하기 쉬우므로, 기온 변화에 유의하며, 한 눈에 녹내장이 있으면 다른 눈에도 발생할 가능성이 많으므로 두 눈 모두 정기 검사를 받는다

8-1. 녹내장 대상자에 대한 요양보호사의 활동

노화에 따른 시각 및 청각 장애는 진행성이며 개선될 수 있는 것이 아니므로 요양보호사는 이를 인지하고 대상자를 관찰하며, 눈이 혼탁해 보이는 대상자에게 "백내장인 것 같으니 병원에 가서 수술하셔야겠네요."라고 말하지 않는다.

또한, 대상자는 감각기능의 결함으로 인해 다양한 지각정보를 받아들이지 못해 자아개념이 쉽게 손상될 수 있으므로, 요양보호사는 노화로 인한 자연스러운 과정임을 알려주고 대상자를 지지하며, 노화에 따른 시각 및 청각 장애로 인해 안전사고가 발생할 수 있으므로 요양보호사는 환경을 안전하게 조성한다.

9. 고혈압

고혈압은 증상이 없는 경우가 대부분이기 때문에 의사의 처방이 있으면 계속 약을 먹어야 하며, 증상이 없어도 혈압이 높으면 치료해야 하고, 약을 오래 복용하는 것이 몸에 좋지는 않지만, 고혈압의 합병증을 발생시키는 것 보다는 안전하므로 반드시 복용하여야 한다. 혈압이 조절되다가도 약을 안 먹으면 약효가 떨어지자마자 혈압이 다시 올라간다. 따라서 의사의 처방이 있으면 계속 약을 먹어야 한다.

9-1. 고혈압 완화에 좋은 운동

고혈압 완화에 좋은 운동의 종류는 걷기, 빨리 걷기, 조깅, 자전거 타기, 계단 오르기, 등산, 수영 등이 있고 적절한 시간은 하루 30~60분, 일주일에 3~5일 정도, 속옷에 땀이 밸 정도, 약간 숨이 찰 정도의 강도로 한다.

9-2. 고혈압 관리법

고혈압을 예방하려면 체중 관리, 짠 음식 덜 먹기, 규칙적인 생활, 적절한 운동, 절주, 금연한다. 고혈압의 증상으로는 뇌혈관이 막히거나 터짐, 불면증, 언어장애, 팔, 다리의 동맥경화로 손발의 통증, 냉증 및 저림, 다리를 저는 등의 보행 장애, 협심증, 심근경색 등 관상동맥질환으로 흉통, 압박감, 조이는 듯한 느낌, 발작, 의식장애, 혼수, 반신불수, 혈액순환이 심각하게 감소되면서 하지 조직의 괴사 발생, 머리가 무겁고 아프거나 뒷골이 당기며 현기증, 기억력 저하된다. 치료 및 예방은 흡연 시 발생하는 일산화탄소는 동맥 안쪽 벽을 손상하므로 금연해야 하고, 혈압이 높으면 동맥 혈관이 손상되므로 고혈압을 관리한다. 당뇨병은 혈중 지방 수치를 높이고 혈관을 손상시키므로 혈당을 조절하고, 소금 섭취량을 평소의 반으로 줄이는 저염식이와 저지방식이를 하며, 규칙적으로 운동해야 한다.

10. 빈혈

빈혈 예방과 해소에 좋은 음식으로는 굴, 달걀노른자, 붉은 살코기, 콩류, 시금치 등이 있으며, 굴은 철분 이외에 구리와 타우린이 많아 콜레스테롤 수치를 낮춰주고, 달걀노른자는 철분 외에 다양한 영양소가 풍부하고, 레시틴이 콜레스테롤도 낮춰준다. 붉은 살코기는 동물성 단백질 식품의 철이 식물성 단백질 식품의 철보다 흡수가 3배 더 잘되며, 콩류는 고단백질의 영양가 많은 식품으로 빈혈에도 좋고 건강에도 좋으며, 시금치는 철분뿐 아니라 비타민 C가 많아 철분의 흡수를 돕는다.

10-1. 빈혈 대상자에 대한 요양보호사의 활동

요양보호사는 대상자의 질병명을 예측하여 말하거나, 수술 혹은 약물 치료가 필요하다는 등의 말을 하면 안 된다. 요양보호사의 부정확한 판단이 대상자 및 가족에게 혼란과 걱정을 유발할 수 있기 때문에 숨차하는 대상자에게 "심장병인 것 같으니 빨리 병원에 가야 할 것 같다"라고 말해서는 안되며, 병원에 가보는 것이 좋겠다고만 말한다. 대상자가 가슴 통증이나 호흡곤란, 가슴 주변의 통증을 호소하는 경우, 생명과 직결된 문제이므로 최대한 빨리 조치해야 하며, 가족과 상의하고, 시설장이나 관리책임자에게 신속하게 보고한다. 심혈관계 문제를 가진 대상자는 불안해하고, 걱정스러워하므로, 최대한 안정적이고 편안하게 해주고, 고혈압이나 동맥경화증이 있는 대상자는 평소 처방 약을 복용하고 뇌졸중이 발생하는지 철저히 관찰해야 하며, 갑자기 어지럼증을 느끼는 대상자는 그 자리에 주저 앉도록 하여 낙상으로 인한 뇌손상을 예방하고, 의식불명이나 심장마비가 나타날 수 있으므로 응급상황에 대처할 수 있어야 한다.

11. 금식

금식시 주의사항으로는 물을 자주 마셔 탈수를 예방하고, 충분한 휴식으로 위뿐만 아니라 전신을 쉬게 하는 것이 중요하다.

12. 변비

변비일 때 요양보호사는 대상자가 정상적이지 않은 상태를 보이거나 평소와 다르게 상태가 안 좋은 방향으로 변화되었을 때, 식사량이 갑자기 감소하거나 식사를 하지 않는 경우, 대변이 콜라색을 띨 때, 속이 쓰리다고 하거나, 오심, 구토가 있을 때, 대상자가 운동부족, 변비, 구강질환 등의 신체적인 이유와 불안, 슬픔, 본인의 취향에 맞지 않아서 등의 심리적인 이유가 있을 때에는 가족과 상의하여 의료기관을 찾도록 하거나, 시설장이나 간호사에게 신속하게 보고해야 한다. 또한, 변비인 대상자가 관장을 해달라고 요구하는 경우, 간호사 등 의료인과 상의해야 한다.

13. 천식 기관지확장제(흡인기) 사용 순서

사용 전에 뚜껑을 열고 흔든다 → 머리를 약간 뒤로 젖히고 충분히 숨을 내쉰다 → 입을 열고 마개를 입으로 문다 → 입으로 심호흡을 하면서 1회 용량이 흡입되도록 흡인기를 누른다 → 3~5초간 천천히 깊게 숨을 들이쉰다 → 약이 폐에 깊숙이 도달할 수 있도록 적어도 10초간 숨을 참은 다음 천천히 내쉰다 → 다음 투약까지 적어도 1분간 기다린다 → 흡인기 뚜껑을 덮는다 → 하루에 한 번 이상 뚜껑을 열고 흡인기의 플라스틱 통과 뚜껑을 흐르는 물에 씻는다.

* 기관지 확장흡인기는 제품마다 마다 사용법이 다를 수 있기 때문에 설명서를 참조해야 한다.

14. 폐결핵 치료를 위한 약물 복용

항결핵제는 여러 가지이고, 약의 양이 많고, 복용기간이 비교적 길다. 그러므로 처방된 항결핵제는 자의로 중단하거나, 줄여서 먹거나, 불규칙적으로 먹거나, 임의로 중단하면 약제 효과가 미치지 않은 균들이 살아남아 몸에서 활발하게 증식하게 되어 치료가 실패로 돌아가고 결핵이 더욱 악화되므로 처방된 기간에 충실하게 약을 복용하는 것이 결핵 완치의 유일한 방법이다.

14-1. 폐결핵 대상자에 대한 요양보호사의 활동

폐결핵 치료시 요양보호사는 대상자의 질병명을 예측하여 말하거나, 수술 혹은 약물 치료가 필요하다는 등의 말을 하면 안 된다. 요양보호사의 부정확한 판단이 대상자 및 가족에게 혼란과 걱정을 유발할 수 있기 때문에 기침하는 대상자에게 "결핵인 것 같으니 약을 먹어야 할 것 같다"라고 말하지 않는다. 대상자가 평소와 다르게 상태가 안 좋은 방향으로 변화되었을 때, 대상자의 호흡에 변화가 관찰되어 간호나 의학적 진단 등이 필요하다고 판단되는 경우, 대상자가 인플루엔자나 폐렴구균 등의 예방접종 후 열이 나거나 아파 보이거나 힘들어하는 등 평소와 다른 이상반응을 나타내는 경우, 가족과 상의하여 의료기관을 찾도록 한다. 또한, 시설장이나 간호사에게 신속하게 보고해야 한다. 호흡곤란을 경험한 대상자는 불안해하므로 기관지확장 흡인기 등 위급 상황을 해결하는 데 도움이 될 수 있는 장치들을 준비해 주고 안심시켜 주고 호흡곤란 중에는 상체를 올리는 반 앉은 자세를 취하게 하고, 최대한 편안한 호흡을 유도하면서 옆에 있어 주고, 요양보호사는 자신이 돌보는 대상자에게 감염성 질환이 생긴 것으로 의심되면 기관에 보고하고 감염성이 없다고 판정될 때까지 격리해야 한다. 또한, 결핵 감염대상자와 접촉한 요양보호사와 가족은 2주~1개월 이후 반드시 보건소에서 흉부방사선 촬영(X-ray) 등을 통해 감염 여부를 확인해야 하고, 결핵전파가 우려되는 대상자를 돌볼 때는 보호장구(마스크, 장갑 등)를 착용해야 한다.

15. 결핵 감염 예방을 위한 기침 예절

기침이나 재채기를 할 때는 코와 입을 휴지나 손수건으로 가리고, 없을 경우에는 소매로 가리며 이때 손으로 가리면 손에 묻은 균이 다른 물건에 묻어 결핵균이 전파되기 쉽기 때문에 반드시 소매로 가려야 하고, 사용한 휴지는 즉시 휴지통에 버리고 흐르는 물에 비누나 소독제로 손을 씻거나 물 없이 사용하는 알코올 제제를 사용하여 손을 씻는다. 호흡기 감염증상이 있는

사람은 가급적 마스크를 착용하여야 하는데, 일회용 마스크는 젖으면 필터링 능력이 떨어지므로 바로 교환하고 재활용하지 않는다.

16. 고관절 골절

근골격계 질환 예방을 위해서는 적절한 영양과 운동이 무엇보다 중요하며, 인체는 약물로 된 영양보다 자연식품에 포함된 영양물질을 더 잘 흡수하므로 대상자가 칼슘을 충분히 섭취할 수 있도록 식사를 돕고, 요양보호사는 근육이나 관절 부위의 통증 증상을 관찰하고, 근골격계 질환을 가진 대상자는 낙상과 같은 안전사고 예방에 특히 유의한다. 보조기구를 사용하는 대상자에게는 사용 방법을 정확하게 설명하고, 수술을 받은 대상자는 회복을 위해 재활이 필요하므로 잔존기능을 최대한 활용할 수 있도록 도와야 한다.

17. 전립성 비대증

대상자가 전립성 비대증일때 요양보호사는 비뇨기계에 문제가 있어 스스로 배뇨를 조절하기 힘든 대상자도 기저귀나 소변주머니 사용은 최대한 자제하고, 되도록 스스로 할 수 있도록 유도하고 훈련하여 낮에는 배뇨간격에 맞추어 소변을 보도록 유도하여, 밤에만 기저귀를 채운다. 요실금이 있는지, 긴박뇨 때문에 밤에 잠을 깨는지 관찰하고, 스스로 배뇨 문제를 해결하지 못해 서비스를 제공받을 때 누군가 방문을 열면 대상자가 수치심을 느낄 수 있기 때문에 혼자서 방을 사용하는 경우라도 스크린을 쳐주는 등 최대한 프라이버시를 지켜주어야 한다. 요실금 대상자는 발생할 수 있는 합병증인 피부 자극, 욕창을 예방하는 데에도 신경 써야 하며, 도뇨관을 바꾸거나 방광을 세척해야 하는 경우 시설 장이나 관리책임자에게 보고하여 의료인에게 연계해야 한다.

18. 치매 대상자의 사고발생 원인

치매 대상자에게 일상 사고가 많이 발생하는 이유는 상황을 분석하거나 평가할 수 없어서 자신의 안전을 고려하지 않으며 금방 잊어버리고, 치매가 진행된 후에도 예전 방식대로 하려고 고집하며, 과거에 했던 일이라도 이제할 수 없다는 사실을 모른다. 새로운 일을 배우는 능력에 문제가 있어 변화에 대처하지 못한다.

19. 치매 대상자의 식사 시 고려할 점

대상자의 식사 습관과 음식에 대한 기호를 최대한 반영하여 즐겨 먹던 반찬과 간식을 제공하고, 조용한 음악 틀기, 텔레비전 끄기 등 안정된 식사분위기를 조성하며, 같은 장소, 같은 시간, 같은 식사 도구를 사용하여 규칙적인 일과에 따라 식사하게 하고, 식탁에 앉으면, 바로 식사하도록 컵에 미리 물을 담아 놓고, 생선의 가시, 뼈는 미리 제거하여 준비한다.

20. 치매 대상자가 변을 만지는 이유

치매 대상자는 배설물을 제대로 처리하지 못했기 때문이거나 무엇인지 모르는 경우가 많다. 따라서, 변을 가지고 놀거나, 놀리기 위해서 하는 행위가 아니라 적절한 처리방법을 모르기 때문에 나타나는 행동이다.

21. 치매 대상자와의 효과적인 대화의 예

치매 대상자와 대화를 할 때 요양보호사는 좋은 아침입니다. ○○○님. 저는 요양보호사 ○○○입니다 라고 자신을 밝힌 후, 치매 대상자 이름을 부르면서 대화를 시작하고, 저는 ○○○입니다. 어르신 목욕 도와드리러 왔습니다와 같이 간결하고 구체적인 문장을 사용하며, 부정형보다는 긍정형 문장으로 대상자가 할 수 있는 것을 정확히 이야기한다.

22. 치매 대상자가 의사 표현을 하도록 돕는 방법

라디오나 텔레비전 등과 같이 대상자를 산만하게 하는 요인을 최대한 줄이고, 대상자를 편하게 하고, 여러 사람이 있으면, 대상자와 조용한 장소로 가서 대화하며, 대상자의 말을 잘 이해했음을

확인시켜 주고 의사소통에 도움을 주는 게시판, 그림 등의 보조수단을 사용한다.

23. 치매 대상자와 의사소통 시 고려할 사항

의사전달을 할 수 없게 되어도 감정기능은 유지되기 때문에 요양보호사의 마음이 치매대상자에게 전달될 수 있다는 것을 인지하며, 의사전달이 불가능하게 된 경우에는 치매 대상자에게 어려운 대화를 이해시키려 하기보다는 대상자가 원하는 것을 중심으로 의사소통을 하도록 노력한다.

24. 치매 대상자별 의사소통 전략

치매 대상자별로 인지능력 수준이나 욕구가 다르므로 의사소통 내용이나 방법도 달라야 하며, 의사소통을 시도하고 효과가 없으면 중단했다가 나중에 다른 방법으로 시도하고, 동일한 대상자라 해도 기분이나 상황에 따라 전에 효과적이었던 방법이 통하지 않을 수 있다.

25. 치매 대상자와 의사 소통방법

대상자의 요구를 알기 위해서는 막연하게 '어디 불편한 곳이 있으세요' 보다는 신체 부위를 짚어가며 '여기가 아프세요'와 같이 구체적으로 질문해야 하고, 대상자가 협조적으로 일을 잘 수행했을 경우는 '잘 했어요', '맞아요' 등과 같은 격려의 말을 해준다. 대상자가 물건을 잃어버리거나 놓아둔 곳을 잊어버려 주변 사람들을 의심하면 요양보호사는 부정하거나 설득하려 하지 말고, 물건이 보이지 않는 것을 현실적으로 인정하고 받아들여서 '서랍 속은 찾아 보셨어요' 하면서 함께 찾아보고 대상자가 기억력 장애로 인한 문제를 인정하고 이해할 수 있도록 돕는다. '식사하신 후에 양치질하시고 외출해요' 보다는 '식사하세요', '양치하세요', '외출해요'라고 한 번에 한 가지씩 차례로 이야기한다.

25-1. 치매 대상자와 비언어적인 표현 방법

얼굴 표정, 신체의 움직임, 눈빛, 손과 몸의 움직임 등 치매 대상자에게 신체적 언어를 사용할 때에는 정면으로 마주 보며 이야기하며, 무릎을 꿇는 자세를 취하여 눈높이를 맞춘다. 대상자 보다 높은 위치에서 팔짱을 끼거나 주먹을 쥐는 자세는 대상자가 위협적으로 느끼므로 취하지 않으며, 미소를 짓거나 손잡기의 자세로 치매 대상자에게 관심을 보인다. 치매 대상자에게 접근할 때 뒤에서 다가가면 대상자가 놀랄 수 있으므로, 앞에서 다가가고, 세수했는지를 물어볼 때, 세수하는 몸동작을 하면서 질문한다.

26. 치매 대상자 행동관찰의 중요성

대상자의 모든 행동에는 이유가 있으므로 대상자가 보여주는 미세한 신호들을 놓치지 않도록 한다. 침대에 누워있다가 자세가 바뀔 때 얼굴을 찌푸린다면, 욕창이나 근육통 때문일 수 있으며, 이런 신호들을 발견하면 반드시 의미를 확인한다.

26-1. 식사를 계속 달라고 하는 경우

<문제 사례>

80세의 김 씨 할머니는 금방 식사를 하였는데 먹지 않았다고 몇 번이고 밥을 달라고 한다. 며느리는 할머니에게 "한 시간 전에 드셨잖아요."라고 말했지만 할머니는 막무가내로 밥을 달라고 재촉한다.

<대처 방법>

대상자는 체험한 것을 잊어버리고 있다. 그럴 때는 대상자 입장에서 납득이 가는 언행이 무엇일지 생각해 본다. 위의 경우에는 "점심을 준비하고 있으니까 잠시 기다려주세요"라고 말하는 편이 훨씬 효과적이다. 또한 대상자가 계속 납득을 하지 못하는 경우에는 조금 시간을 두었다가 반응하거나 사람들이 교대하여 이야기하는 것이 좋다.

26-2. 사고 위험

<문제 사례>

86세의 대상자가 며느리와 산책을 하고 있었다. 반대편의 이웃 사람이 걸어오면서 "할머니, 안녕하세요?"라고 큰 소리로 인사를 하자 할머니가 갑자기 길을 건너려고 해서 사고를 당할 뻔하였다.

<대처 방법>

치매 대상자와 대화할 경우 적어도 1m 이내 가까이 다가서서 대상자의 눈을 보면서 말을 걸어야 한다. 치매의 정도, 이해력, 시각, 청각, 언어의 정도와 의사소통 장애를 올바로 평가하여 가장 효과적인 위치에서 대화를 시도하는 것은 갑작스럽게 발생할 수 있는 사고 위험을 줄이는 방법이다.

26-3. 치매 대상자가 자존심이 상한 경우

<문제 사례>

72세의 김 씨 할머니는 남편과 딸과 셋이서 살고 있다. 할머니는 젊을 때부터 요리를 잘하여 치매로 진단받은 후에도 간단한 요리를 해왔다. 그러나 치매가 진행되면서 국물 맛을 내는 것을 잊어버려 된장국 맛이 변하게 되었다. 어느 날 딸이 "엄마! 이제 맛이 없으니까 이제 음식하지 마세요"라고 하였고, 할아버지도 비슷한 말을 하였다. 김 씨 할머니는 그 말에 화가 나서 방문을 닫고 식사를 전혀 하지 않았다. 김 씨 할머니는 요리에 자신이 있어 치매가 진행되어도 노력해 왔는데 가족 때문에 자존심이 상하고 우울상태에 빠진 것이다.

<대처 방법>

대상자는 잘못된 행동에 대해 꾸중을 듣거나 질책을 받으면 그 원인은 잊어버려도 굴욕감은 남아 우울한 상태가 유발되고 때로는 공격적으로 변할 수 있다. 사소한 언동이 대상자의 자존심을 상하게 할 수 있으므로 유연하고 임기응변적인 태도로 대상자에게 맞춰가는 것이 바람직하다. 치매대상자의 자존심을 손상하게 하지 않으려면 잘못된 행동을 하였더라도 위험하지 않는 상황이면

부록. V. 요양보호팀

수용하는 것이 좋다. 비난하거나 부정하고, 정정하려 들고, 이론적으로 설명하고, 설득하고, 강제적으로 지도하는 것은 효과가 없을 뿐 아니라 또 다른 문제를 유발할 수 있다.

26-4. 혼자서 집을 나가 길을 잃은 경우

<문제 사례>

70세 할머니가 74세 할아버지에게 옷을 입히면서 "10시 되면 병원에 가야 하니까 양말을 벗으면 안 돼요"라고 말했다. 그러나 할머니가 아침 설거지를 하는 사이에 할아버지는 병원에 간다고 집을 나가서 길을 잃고 말았다.

<대처 방법>

치매 대상자에게 한꺼번에 여러 가지 이야기를 하면 혼란이 오기 때문에 정보를 전달할 때는 단순한 내용으로 분리하여 하나씩 전달해야 한다. 당장 해야 할 일만 간결하게 전하고 앞으로의 계획은 전하지 않는 것이 좋다.

27. 치매 대상자의 문제행동 사례

<문제 사례> 1

82세 한 씨 할머니는 자신의 물건을 장롱과 트렁크로 번갈아 가며 바꾸어 넣어 두었다. 트렁크로 옮긴 후 장롱에 없는 것을 발견했을 때 "내 물건이 없다. 도둑맞았다"라며 같은 방의 김씨 할머니를 가르키며 "도둑이다"라고 소리를 질렀다. 김씨 할머니는 한 씨 할머니보다 치매가 더 중증이고 걷는 것도 불가능하다. 요양보호사가 그런 설명을 하면 이번엔 다른 박씨 노인을 지목한다. 박씨 노인 또한 걸을 수 없는 노인이다.

<대처 방법>

치매 대상자가 도둑 망상이 있을 때는 도둑맞은 물건이라면 거기에 없는 것은 사실일 것이므로 요양보호사는 노인과 함께 찾아보고 대상자가 그 물건을 발견하도록 유도한다. 요양보호사가 물건을 발견하고 대상자에게 건네주는 것은 대상자가 요양보호사를 도둑으로 오인할 수 있게 하므로

 노인을 돌보는 법

대상자 자신이 물건을 발견하도록 돕는다.

<문제 사례> 2

치매진단을 받고 요양시설에 입소해 있는 77세 이씨 할머니는 하루 종일 허리끈을 가늘게 꼬아서 일을 하면서 보내고 있다. 저녁 무렵이 되면 할머니는 "오늘은 이 정도로 하고 돌아가겠습니다"하면서 인사를 하고 집에 아이들이 기다린다며 나가려고 한다. 평소 할머니는 맞벌이 아들 내외를 위해 집에서 손자녀를 돌보아 왔으며 틈틈이 며느리 가게에 나가 일을 도왔었다.

<대처 방법>

요양보호사는 이씨 할머니와 콩나물 다듬기를 같이 하였으며, 일이 끝나면 노인은 집에 간다고 말한다. 이때 요양보호사는 시장에 가서 반찬거리를 사오자며 같이 산책을 하였고 다시 요양시설로 돌아왔을 때 다른 직원이 할머니를 반갑게 맞아 주었고 할머니는 안정이 되었다.

<문제 사례> 3

80세 강씨 할아버지는 조금 전에 음식을 먹고도 금방 또 먹으려고 하고 배가 부른데도 계속해서 먹으려고 한다. 또한 "우리 딸이 나를 가두어 두고 밥도 안 주고 너무 구박한다"라고 하면서 요양보호사를 난처하게 한다.

<대처 방법>

강씨 할아버지는 어린아이 수준으로 기억력이 감소하여 음식을 먹었다는 사실을 기억하지 못한다. 요양보호사는 대상자를 따뜻하게 대하고 음식을 숨기거나 흘릴 때는 식사가 끝날 때까지 도와준다. 또한 칼로리가 적은 간식을 작은 접시에 담아 규칙적인 시간에 스스로 먹도록 도와주고, 먹은 그릇을 확인시키고 먹었다는 것을 달력에 스스로 표시하게 하였다. 이후 과식에 대한 행동이 줄어들었다.

부록. Ⅴ. 요양보호팀

28. 스스로 식사하는 대상자를 지켜보는 방법

스스로 식사할 수 있는 대상자라도 식사하는 동안 사레, 질식, 불편한 점 등이 발생하지 않도록 관찰해야 하며, 대상자가 음식을 먹을 때 한입에 너무 많이 넣는지 살펴보고, 너무 빨리 먹거나 조급하게 먹는지 살펴보며 천천히 식사하도록 지지한다. 편식하는 대상자는 반찬을 골고루 먹도록 격려하고, 식사 중 옆에서 지켜보고 있다가 도와준다.

29. 반복적인 질문이나 행동을 하는 이유

주변 상황을 인식할 수 없기 때문에 자신의 안전을 확인하고 싶어 하며, 논리적으로 생각하는 데 문제가 있기 때문에, 자신이 가진 의문에 대한 답을 구하지 못했다고 생각하며, 관심을 얻기 위해 행동한다.

30. 반복적 행동의 예

서랍 안의 물건을 꺼내어 헝클어 놓는 것을 반복하며, 휴지를 찾아다니며 주머니에 모으고, 짐을 싸다가 다시 풀어 놓기를 반복한다.

31. 치매 대상자의 음식섭취 관련 문제행동의 예

계속 같은 종류의 음식만 먹고, 밥을 먹고도 계속 식사를 요구하기도 하며, 단추, 종이, 비닐봉투, 변, 비누, 샴푸, 틀니, 세제 등을 입에 넣고 우물거린다.

32. 음식섭취 관련 문제행동이 나타나는 이유

시간개념의 상실로 인하여 식사한 것을 잊었거나 심리적인 불안감 때문에 과식하거나 배고픔을 호소하며, 음식물인지 아닌지 구별하지 못하기 때문에 입에 넣을 수 있고, 손에 만져지는 것은 무엇이든 먹으려고 하고 이식증상을 보인다.

33. 노인의 영양문제

열량 과잉 또는 영양부족 노인들이 많고, 결식률이 높으며, 지방 섭취량이 증가하고 나트륨 섭취가 과다하고, 체중과다 및 저체중 노인의 비율이 높다. 그리고 혈청지질 수준이 높아지고 있으며, 만성 퇴행성 질환으로 활동제한이 있다

34. 식사구성안을 이용한 식사계획 원칙

잡곡밥, 통밀빵, 감자, 고구마 등의 곡류(탄수화물)는 매일 2~4회 섭취하여 에너지를 공급하며, 고기·생선·달걀·콩밥, 두부, 비지 등 콩류(단백질)는 매일 3~4회 섭취하여 근육량과 면역력을 증진시키고, 채소류(비타민과 무기질)는 매 끼니 두 가지 이상 섭취하여 신체 기능을 조절한다. 또한 과일류(비타민과 무기질)는 매일 1~2개 섭취하여 기능을 조절하고, 우유·유제품류(칼슘)를 매일 1~2잔씩 섭취하여 뼈와 치아를 튼튼하게 하며, 물(수분)은 매일 8잔 이상 마셔 노폐물을 배출한다. 음식을 섭취할 때에는 과잉의 지방 섭취에 주의하고, 짠 음식의 섭취는 줄이고 싱겁고 단백한 음식을 섭취하고, 설탕, 물엿 등 첨가당은 되도록 적게 섭취한다.

35. 식사 원칙

제때에 신체리듬에 맞춰 제때에 규칙적으로 식사하고 영양적으로 균형 잡힌 식사를 위해 골고루 다양한 식품을 골고루 섭취하며, 신체에 필요한 양만큼 알맞게 섭취한다.

36. 음식섭취 관련 문제행동

치매 대상자가 아무 때나 밥을 달라고 하는 경우, "방금 드셨는데 무슨 말씀이세요?"라며 대상자의 말을 부정하면 혼란스러워하므로 "지금 준비하고 있으니까 조금만 기다리세요."라고 친절하게 얘기한다.

37. 치매 대상자가 의심이 많은 이유

치매 대상자는 자신의 경험과 주위 환경을 이해하는 것이 점차 어려워진다. 또한 물건을 놓은 장소를 점차 기억하지 못한다. 대상자는 이런 상황들에 대한 수용이 어렵기 때문에 주변 사람을 의심하는 경향이 있다.

38. 환각

실제로 존재하지 않는데 존재하는 것처럼 느끼는 것으로 주위에 아무도 없는데 소리를 듣거나, 음식이 없는데도 고기를 굽는 냄새를 맡거나, 있지도 않은 물체를 잡으려 한다.

39. 치매 대상자의 파괴적 행동의 특징

난폭한 행동이 자주 일어나지 않으며, 오래 지속되지 않고 질병 초기에 나타나서 수개월 내에 사라진다. 일반적으로 초기에 분노로 시작하며 에너지가 소모되면 지쳐서 파괴적 행동을 중지한다.

40. 석양증후군의 특성

낮에는 유순하다가도 저녁 8~9시만 되면 갑자기 침대 밖으로 뛰쳐나오거나, 옷을 벗고, 방을 서성이다 문을 덜거덕거리거나, 바닥을 뒹굴고 침대 위로 뛰어오르는 등의 행동을 한다.

41. 손 씻기의 장점

손 씻기는 가장 손쉽고 경제적이며 효과적인 감염 예방법이다. 손 씻기로 감염성질환의 70%를 예방할 수 있다.

42. 사례 예방법

사례 들리는 것을 예방하고 불쾌한 입맛을 완화하기 위해 식사하기 전에 입안을 물로 헹구거나 식사전 물이나 국물 한 숟가락을 넘기게 하거나, 구강을 청결히 하면 도움이 된다.

43. 경관영양식 대상자를 오른쪽으로 눕히기

일어나 앉지 못하는 경관영양식 대상자를 오른쪽으로 눕히는 이유는 위의 모양이 왼쪽으로 기울어져 있어서 오른쪽으로 누우면 기도로의 역류 가능성이 줄어들고, 중력에 의해 영양액이 잘 흘러 내려간다.

44. 비위관이 빠진 경우

비위관이 빠졌을 경우 요양보호사가 임의로 비위관을 밀어 넣거나 빼면 안 된다. 비위관이 새거나 영양액이 역류될 때는 비위관을 잠근 후 의료기관에 방문하게 하거나, 반드시 시설장 및 관리책임자, 간호사에게 연락해야 한다.

45. 경구약 복용 시 주의점

경구약 돕는 방법으로 처방 약, 숟가락, 주사기, 물, 컵, 계량컵, 눈금 있는 약물통, 빨대(물약 투약, 치아 착색 방지) 등의 물품을 준비하고 요양보호사는 물과 비누로 손을 씻고, 약포장지에 쓰인 대상자의 이름을 확인 후 대상자가 입으로 약을 삼킬 수 있는지, 금식인지, 오심이나 구토가 있는지를 확인한다.

45-1. 가루약

가루약은 숟가락을 사용하여 약간의 물에 녹인 후 투약하거나, 바늘을 제거한 주사기를 이용하여 녹인 가루약을 흡인하여 입 안으로 조금씩 주입한다.

45-2. 알약

알약은 약병에서 약 뚜껑으로 옮긴 후에 손으로 옮겨가고 손으로 만진 약은 약병에 다시 넣지 않으며, 알약의 개수가 많은 경우에는 2~3번으로 나누어 투약하고, 대상자가 손을 떨거나 입 안에 넣다가 떨어뜨려 약을 잃어버릴 우려가 있으면 직접 입 안에 넣어준다. 약은 삼키기 쉽게 해주고 위장관에서의 흡수가 잘되도록 충분히 물을 준다.

45-3. 물약

물약은 뚜껑을 열어 뚜껑의 위가 바닥으로 가도록 놓고 계량컵을 눈높이로 들고 처방된 양만큼 따른 후 대상자에게 투약하고, 약을 따르기 전에 약물을 흔들어 섞고, 색이 변하거나 혼탁한 약물은 버려야 하며, 라벨이 젖지 않도록 용액병의 라벨이 붙은 쪽을 잡고, 라벨의 반대쪽 방향으로 용액을 따른다. 병뚜껑을 닫기 전에 입구를 깨끗이 닦고, 약의 용량이 적을 때는 바늘을 제거한 주사기(무침 주사기)를 이용하여 정확한 양을 복용하게 한다.

45-4. 안약

안약이 필요한 대상자의 한쪽 눈에만 감염이 있을 시 반대편 눈에 전염되지않도록 멸균수나 생리식염수에 적신 멸균솜으로 눈의 안쪽에서 바깥쪽으로 닦아 준다.

45-5. 주사주입

주사주입은 의료인의 고유영역이므로 요양보호사는 주사주입을 하지 않는다. 간호사가 바늘을 제거한 후에는 1~2분간 알코올 솜으로 지그시 누르고, 절대 비비지 않는다. 비비면 피멍이 들기 때문이다.

46. 손발청결

노인의 피부는 건조하여 각질이 생기기 쉬우므로 오일이나 로션 등을 발라주어야 한다. 손톱은

둥글게, 발톱은 일자로 자른다.

47. 치매노인이 목욕을 싫어하는 이유

옷이 없어질까 봐 걱정되어서, 옷 속에 넣어둔 중요한 물건이 분실될까 걱정되어서, 배설 실수가 드러날까 봐 옷을 벗기 싫어서, 부끄러워서 등이다.

48. 치매노인이 화장실을 가고 싶을 때

언어적 표현은 화장실에 가고 싶다고 말하고, 비언어적 표현으로는 끙끙거림, 안절부절못함, 손으로 배 또는 엉덩이를 가리킴, 얼굴 표정이 일그러짐, 허리를 들썩임, 바지를 내리려고 한다.

49. 배설물 상태를 보고해야 하는 경우

대상자의 소변이 탁하거나 뿌옇거나, 거품이 많이 나거나, 소변의 색이 진할때와, 소변 냄새가 심하고, 소변에 피가 섞여 나오거나 푸른빛의 소변이 나올 때와, 대변에 피가 섞여 나와 선홍빛이거나 검붉거나, 대변이 심하게 묽거나, 대변에 점액질이 섞여 나올 때에는 시설장이나 간호사에게 보고해야 한다.

50. 언어적 의사소통을 할 때 주의점

언어적 의사소통은 말의 강도, 억양, 속어, 방언 등에 따라 오해가 있을 수 있기 때문에 요양보호사는 대상자, 가족과 의사소통할 때 명확하고 이해하기 쉬운 용어를 사용해야 한다. 또한, 비언어적 표현을 적절히 병행하여 사용해야 한다.

51. 비언어적 의사소통이 중요한 이유

요양보호사는 대상자의 비언어적 표현을 주의 깊게 관찰하여 대상자의 기분이나 감정 등을 잘 파악하기 위해 노력해야 한다. 대상자는 시력, 청력 등 감각이 떨어져 있거나 만성질환 등으로 자신의 의사를 적절하게 표현하는 데 어려움이 있기 때문이다. 평소 대상자를 잘 관찰해 두면 대상자의 얼굴 표정이나 손짓, 몸짓 등으로 말하려고 하는 메시지가 무엇인지 빨리 파악할 수 있고, 서비스 제공에 참고할 수 있다.

요양보호사는 대상자와 라포를 형성하기 위해서는 신체언어를 맞추고, 눈을 맞추며, 호흡의 리듬을 맞추고, 언어를 맞추는 것이 필요하다. 사람들의 신체언어를 잘 살펴보면, 개입상태에서는 몸을 앞쪽으로 기울이며 눈은 안쪽을 향하는 반면, 관조상태에서는 몸을 뒤로 젖히며 눈은 먼 곳을 응시한다.

52. 나-전달법(I-Message 전달법)

나의 생각이나 감정을 전달할 때는 나를 주어로, 상대방의 행동과 상황을 그대로 비난없이 그대로 말하며, 상대방의 행동이 나에게 미치는 영향을 구체적으로 말하고, 그 상황에 대해 내가 느끼는 바를 솔직하게 말한다. 그다음 원하는 바를 명확하게 말하고, 전달할 말을 건넨 후 상대방의 말을 잘 듣는다.

53. 노인성 난청 대상자와 이야기하는 방법

대상자의 눈을 보며 정면에서 이야기하고, 어깨를 다독이거나 눈짓으로 신호를 주면서 이야기를 시작하며 입 모양으로 이야기를 알 수 있도록 입을 크게 벌리며 정확하게 말한다. 몸짓, 얼굴 표정 등으로 의미 전달을 돕고, 말의 의미를 이해할 때까지 되풀이하고 이해했는지 확인하며, 말을 알아듣기 쉽도록 천천히 차분하게 하고, 보청기를 착용할 때는 입력은 크게, 출력은 낮게 조절하고, 건전지와 전원 스위치가 작동하는지 확인한다. 밝은 방에서 입 모양을 볼 수 있도록 시선을 맞추며 말하고, 원활한 의사소통이 되도록 정보를 충분히 제공하고, 청각상실에 대한 체험을 통하여 대상자를 더 많이 이해하고자 노력한다.

54. 시각장애 대상자와 이야기하는 방법

대상자의 정면에서 이야기하며 여기, 이쪽 등 지시대명사를 사용하지 않고 사물의 위치를 정확히 시계방향으로 설명하며, 대상자를 중심으로 오른쪽, 왼쪽을 설명하여 원칙을 정하여 두는 것이 좋고, 대상자를 만나면 신체 접촉을 하기 전에 먼저 말을 건네어 알게 한다. 대상자가 이해하기 쉬운 언어를 사용하고 천천히 정확하게 말하며, 이미지가 전달하기 어려운 형태나 사물 등은 촉각으로 이해시키고 대상자와 보행할 때에는 요양보호사가 반 보 앞으로 나와 대상자의 팔을 끄는 듯한 자세가 좋다. 대상자가 읽고 싶어 하는 것을 읽어 주고 고유명사 등은 자세히 설명하며, 대필하게 되는 경우에는 정확하게 받아 쓰고 내용을 다시 확인한다.

55. 언어장애 대상자와 이야기하는 방법

대상자와 이야기할 때는 얼굴과 눈을 응시하며 천천히 말하고 대화에 주의를 기울이고, 소음없는 곳에서 앉아서 하고, 질문에 대한 답변이 끝나기 전에 다음 질문을 하지 않으며 대상자의 말이 끝날 때까지 기다리면서 고개를 끄덕여 듣고 있음을 알리고 알아듣고 이해가 된 경우에는 예, 아니요 등으로 짧게 대답하고 눈을 깜빡이거나 손짓, 손에 힘을 주거나 고개를 끄덕이는 등으로 의사표현하게 한다. 실물, 그림판, 문자판 등을 이용하며 잘 표현하였을 때는 칭찬과 더불어 긍정적 공감을 비언어적으로 표현해 준다.

56. 판단력, 이해력장애 대상자와 이야기하는 방법

어려운 표현을 사용하지 않고 짧은 문장으로 천천히 이야기하며 몸짓, 손짓을 이용해 상대의 말하는 속도에 맞추며, 실물, 그림판, 문자판 등을 이용하여 이해를 돕고 불쾌감을 주는 언어를 쓰거나 아이처럼 취급하여 반말을 하지 않는다.

57. 주의력결핍장애 대상자와 이야기하는 방법

대상자와 눈을 맞추고 명확하고 간단하게 단계적으로 제시하며, 구체적이고 익숙한 사물에 대하여 대화하고, 목표를 인식하고 단순한 활동을 먼저 제시한다. 주의력에 영향을 주는 환경적 자극을 최대한 줄이고 주변 사람들에게 주의력결핍장애에 대한 이해를 구하며 메시지를 천천히, 조용히 반복한다.

58. 지남력장애 대상자와 이야기하는 방법

대상자의 이름과 존칭을 함께 사용하며 일관성 있게 대하도록 노력해야 하고, 시간, 장소, 사람, 날짜, 달력, 시계 등을 자주 인식시키고, 모든 물품에 이름표를 붙이고 주의사항을 그림이나 문자로 적어서 제시한다.

59. 질식 시 대상자의 주요 증상

목을 조르는 듯한 자세를 하며 갑자기 기침을 하며, 괴로운 얼굴 표정을 하고 숨을 쉴 때 목에서 이상한 소리가 들리며, 가슴 부위의 호흡운동이 보이지만, 공기의 흐름이 적거나 없다.

60. 근골격을 다친 경우

붓기 전에 반지, 팔찌 등 장신구를 빨리 빼야 하며 필요시 압박붕대를 사용할 수 있으나, 이때 압박붕대를 너무 꽉 조이게 감으면 혈액순환에 방해된다.

61. 약물부작용

약물 부작용은 매우 다양하게 나타난다. 약물을 복용한 즉시 증상이 나타나기도 하고, 며칠 후에 나타나는 경우도 있다. 일반적으로 오심과 구토 증상이 나타나며, 복통이 생기고, 설사를 하며, 가슴이 두근거린다. 흉통이 생기고, 호흡곤란이 일어나고, 혼돈 상태에 빠지고, 발작이 일어나며, 의식을 잃는 증상을 보인다.

62. 안전한 약 사용을 위한 3단계

비슷한 의약품의 중복 처방을 방지하기 위하여 단골 병·의원과 약국을 정해서 다니며, 현재 복용 중인 모든 처방약, 비처방약, 한약 등에 대해 의사, 약사에게 알려주고 과거에 경험했던 약 부작용이 있다면 설명하고, 반드시 가장 최신의 처방약을 복용하고, 진료 후 이전 처방약을 이어서 복용하지 않으며, 이전 처방약이 많이 남은 경우, 복용할 수 있는지 의사에게 확인받는다. 약 복용시간은 약마다 다르므로 처방을 따라 정해진 방법에 따라 약을 복용하고, 변경이 필요한 경우 의사 또는 약사와 상의하며, 약은 물과 함께 복용한다. 약 삼키는 것이 힘들다고 모두 잘라 복용하면 안되며 약을 잘라서 복용할 때는 약마다 다르므로 약사와 상의해야 하며, 약 복용을 잊었을 경우에는 생각난 즉시 복용하고, 다음 복용시간이 더 가까울 때에는 다음 복용시간에 복용하는데 절대로 2배 용량을 복용해서는 안 되며, 본인이 처방받은 약만 복용해야 한다. 건강기능식품도 복용 전 의사, 약사와 충분히 상의한다. 약을 보관할 때는 정해진 보관방법에 따른다.

63. 요양보호사가 임종 대상자 요양보호시 고려할 점

임종이 임박한 대상자의 곁에 머무르며, 계속 함께 있을 것임을 알림으로써 편한 마음을 가지도록 돕고, 고통이 없는 가운데 편안히 임종을 맞이할 수 있도록 도우며, 대상자에게 관심을 가지고, 대상자가 만나고 싶은 사람을 만날 수 있도록 하며, 임종 대상자를 존중한다. 대상자가 임종하기를 원했던 장소나 희망하는 종교의식을 알아본다.

64. 임종 시기별 요양보호

임종이 가까운 대상자의 죽음은 응급상황이 아니다. 임종과정이 시작되면 임종과정을 자연스럽게 겪어 나갈 수 있도록 가족들이 함께 지켜보며 도와주어야 한다.

VI. 노인 요양시설 어르신을 위한 기본 환경관리

1. 안전하고 쾌적한 주거환경 관리

노인들은 일반적으로 새로운 환경에 적응하기보다는 익숙하고 친숙한 환경에서 안정적으로 생활하기를 원한다. 안전하고 쾌적한 주거환경은 대상자의 건강을 유지하고 자립성을 높이는 데 중요하다. 대상자가 안전하면서 건강을 유지하는 데 도움이 되는 쾌적하고 청결한 주거환경을 조성할 수 있도록 지원한다.

2. 안전한 주거환경 조성

안전한 주거환경 조성을 위하여 대상자와 가족의 희망사항을 고려하여 환경을 조성한다. 일상생활동작(ADL)에 맞게 기능적이며 자립성을 높일 수 있는 환경을 조성하며, 자연재해, 화재, 비상사태에 대비하여 안전한 환경을 만들고, 사생활을 존중하면서 사람들과 교류를 할 수 있는 공간을 만들어야 한다. 시설 및 주택을 개·보수 할 때는 경제적인 상황을 포함해 대상자가 더 편안하게 지낼 수 있는 환경을 조성한다.

2-1. 현관

현관은 계단이나 문턱이 있으면 경사로를 설치하고, 휠체어가 쉽게 통과할 수 있게 입구의 폭을 넓힌다. 조명은 현관 밖과 발밑을 비출 수 있게 설치한다. 현관 바닥은 미끄럽지 않은 소재를 사용하고, 문고리는 열고 닫기가 용이하도록 막대형으로 설치하며, 현관에서 안전하게 신발을 신고 벗을 수 있도록 의자를 놓아두고, 복도에는 짐이나 신문 등 장애물을 두지 않고, 야간에는 조명을 켜둔다.

2-2. 거실

거실 출입구의 문턱을 없앤다. 햇볕이 잘 들고 함께 거주하는 사람들의 모습과 목소리를 들을 수 있는 곳이 좋다. 거실의 넓이는 휠체어, 보행기, 지팡이 등 이동에 불편함이 없도록 확보해야 하며, 전기코드 등은 벽쪽으로 고정시켜 통행에 불편하지 않게 하고, 거실 바닥은 평편하게 하고, 가능한 한 물건을 두지 않으며, 비상시를 대비하여 응급호출기와 화재경보기 등을 설치한다.

2-3. 방

방은 습기가 차지 않고 공기가 깨끗하며, 조용하고 햇빛이 잘 비치는 남향 또는 남동향이 좋으며, 화장실이나 욕실은 가깝게 하고, 출입구의 문턱을 없앤다. 대상자가 자주 쓰는 물품이나, 요양보호에 필요한 물품은 항상 손이 닿는 위치에 두고, 그림이나 사진이 떨어져 다치는 일이 없도록 안전하게 걸어두며, 가구를 진열할 때는 모서리에 부딪힐 염려가 없도록 배치하고, 필요하면 모서리에 덧대기를 한다. 햇빛을 차단하지 않도록 창가에 물건을 두지 말고 커튼은 얇은 것과 두꺼운 것을 병용하여 온도, 채광, 소음 등을 조절하며, 인터폰, 전화, 비상벨 등을 설치하여 사고나 재해 시 호출이 용이하도록 한다.

2-4. 부엌과 식당

부엌과 식당의 출입구 문턱을 없애고, 미끄럽지 않은 바닥 소재를 사용하며, 싱크대 및 가스레인지는 대상자의 손이 닿는 높이로 조정하고, 일상생활에 자주 사용하는 물건은 손이 쉽게 닿는 곳에 정돈한다. 화상 및 화재에 주의하고, 깨지지 않는 그릇, 손잡이가 있는 그릇 등을 사용하고, 식탁은 휠체어에 앉아서도 이용할 수 있는 것으로 하고, 높이는 대상자의 앉은키와 휠체어의 높이를 고려하며, 식탁보는 빨기 쉽고, 더러움이 눈에 띄는 밝은 색으로 하며, 발에 밟히지 않는 길이로 조절한다.

부록. Ⅵ. 노인 요양시설 어르신을 위한 기본 환경관리

2-5. 화장실과 욕실

화장실과 욕실의 출입문 문턱을 없애고 넘어질 경우에 대비하여 문은 깨지지 않는 재질로 한다. 안전손잡이는 대상자가 쓰기 편한 쪽이나 마비가 없는 쪽, 양변기 옆과 세면대 옆 등에 설치하고, 휠체어를 사용하는 대상자의 경우 휠체어가 충분히 들어갈 수 있게 출입문을 넓히고, 마비가 있는 대상자를 위해 미끄러지지 않는 바닥소재를 사용하고 미끄럼방지 매트를 깔아두고, 욕조는 높이가 낮은 것이 사용하기 편하며, 욕조 바닥에 미끄럼방지 매트를 깔면 낙상을 예방할 수 있다. 냉·온수를 사용할 수 있어야 하고, 습기가 많은 장소이므로 사용하지 않는 낮에는 환기를 자주 하여야 하며, 화장실 및 욕실 사용 후에는 바닥의 물기를 닦아 나중에 사용할 때나 다른 사람이 사용할 때 넘어지지 않게 한다.

2-6. 계단

계단의 가장자리는 미끄러지지 않게 고무 등으로 대고, 계단과 복도에 안전손잡이를 설치하고, 안전손잡이 사이에 의복이 끼거나 걸리지 않게 한다. 일직선의 계단은 오르고 내리는데에 부담이 크므로 한 번 쉴 수 있는 장소가 있으면 좋고, 계단을 내려갈 때 그림자가 생기지 않게 발밑에 조명을 설치한다.

3. 쾌적한 주거환경 조성

3-1. 환기

환기는 대상자의 건강상태에 따라 창문이나 문을 열어 공기를 자주 환기하여 심신을 상쾌하게 하므로 하루에 2~3시간 간격으로 3번, 최소한 10~30분 창문을 열어 환기한다. 환기할 때는 바람이 대상자에게 직접 닿지 않도록 주의하고, 환기를 위하여 창문이나 문을 열어 놓고 잊어버리지 않도록 하고, 환기하기 전에 대상자의 건강상태, 계절, 날씨 등을 반드시 확인한다.

3-2. 실내온도

실내온도는 일반적으로 여름은 22~25℃, 겨울은 18~22℃가 쾌적한 온도이지만, 개인차가 있으므로 대상자의 상태에 맞게 조절하고, 실내온도를 적정수준으로 유지해 바깥과의 온도차가 크지 않게 해야 한다. 대상자의 땀 배출 여부와 손발의 온도를 확인하여 의복과 실내온도를 병행하여 조절하고, 국소난방보다는 전체 난방이 바람직하며, 화장실이나 기타 휴식공간의 냉·난방도 고려하여야 한다. 목욕 전·후에는 외풍이 없게 하고, 실내 기온을 따뜻하게 유지하고, 겨울에는 실내 난방이 필요하며, 실내온도를 유지하기 위하여 보조 난방 기구를 갖추면 좋다.

3-3. 실내습도

실내습도는 40~60%가 적합하다. 습도가 너무 낮으면 호흡기 점막과 피부를 건조시키고 땀 증발을 가속시켜 오한이 생기고, 습도가 너무 높으면 불쾌감을 느끼게 하므로, 습도를 조절하기 위해서는 적정온도로 설정하고 습기가 많은 곳에는 환풍기를 작동한다. 여름에는 제습기, 겨울에는 가습기를 사용한다.

3-4. 소음

소음은 보청기를 사용하는 경우 필요한 소리뿐 아니라 모든 소리를 증폭시키기 때문에 주위의 소음으로 인하여 고통을 겪을 수 있다. 소음이 지나치면 수면방해, 정신적 불안 등 건강에도 악영향을 미치므로 큰 소리가 나지 않게 주의한다.

3-5. 채광

채광 중 자연채광은 밝고 습도가 낮으며 자외선에 의한 살균효과가 있어서 신진대사를 좋게 한다. 채광에 의한 직사광선이 눈에 닿으면 각막에 장애를 초래하는 경우도 있으므로 커튼, 발, 블라인드 등을 사용한다.

3-6. 조명

조명은 공간 전체로 고루 퍼지도록 용도에 맞는 조명등을 설치하고, 계단 높이를 잘 볼 수 있도록 천장에 조명을 설치하고, 이동 시 발의 움직임을 볼 수 있게 무릎 아래쪽에 보조등을 달면 안전사고 예방에 도움이 된다. 배설물 등을 치울 때는 간접 조명보다는 배설물 확인이 쉬운 직접 조명으로 전체를 환하게 한다. 참고로 노인 주택에서는 싱크대뿐 아니라 신발장 등 각종 가구에 문을 여닫을 때에 작동하는 점멸등을 다는 것도 좋다. 야간에는 화장실, 계단, 복도 등 넘어질 위험이 있는 장소에는 조명을 켜둔다.

| 노인을 돌보는 법 |

김 리 겸 著

발행일 2022년 6월 15일
펴낸이 李 相 烈
펴낸곳 도서출판 에듀컨텐츠휴피아
출판등록 제2017-000042호 (2002년 1월 9일 신고등록)
주 소 서울 광진구 자양로 28길 98, 동양빌딩
전 화 (02) 443-6366
팩 스 (02) 443-6376
이메일 iknowledge@naver.com
Web http://cafe.naver.com/eduhuepia
만든이 기획·김수아 / 책임편집·이진훈 황혜영 이수민 안승현 김예빈
　　　　 디자인·유충현 / 영업·이순우

정 가 18,000원
ISBN 978-89-6356-352-7 (93330)

ⓒ 2022, 김리겸, 도서출판 에듀컨텐츠휴피아

＊ 본 책은 저작권법에 따라 보호받는 저작물이므로 무단 전재와 복제를 금지하며, 책 내용의 전부 또는 일부를 이용하려면 반드시 저작권자 및 도서출판 에듀컨텐츠휴피아의 서면 동의를 받아야 합니다.